www.ingramcontent.com/pod-product-compliance
Lightning Source LLC
LaVergne TN
LVHW010334070526
838199LV00065B/5740
* 9 7 8 9 3 6 9 0 8 8 0 9 6 *

نقوش خاموش

صادق اندوری

© Taemeer Publications LLC

Nuqoosh-e-Khamosh *(Poetry Collection)*

by: Sadiq Indori

Edition: January '2025

Publisher :

Taemeer Publications LLC (Michigan, USA / Hyderabad, India)

ISBN 978-93-6908-809-6

مصنف یاناشر کی پیشگی اجازت کے بغیر اس کتاب کا کوئی بھی حصہ کسی بھی شکل میں بشمول ویب سائٹ پر اَپ لوڈنگ کے لیے استعمال نہ کیا جائے۔ نیز اس کتاب پر کسی بھی قسم کے تنازع کو نمٹانے کا اختیار صرف حیدرآباد (تلنگانہ) کی عدلیہ کو ہوگا۔

© تعمیر پبلی کیشنز

کتاب : **نقوش خاموش** (نظمیں، قطعات)

مصنف : **صادق اندوری**

صنف : شاعری

ناشر : تعمیر پبلی کیشنز (حیدرآباد، انڈیا)

سالِ اشاعت : ۲۰۲۵ء

صفحات : ۱۴۸

سرورق ڈیزائن : تعمیر ویب ڈیزائن

فہرست

حیات شعری 5

نعت رسولؐ 15

ملاقات کے بعد 17

شوہر کا انتظار 22

چیونٹی 24

نئی باتیں 26

کسی کو رخصت کرتے وقت 29

.........سے 31

1

مفلس کی عید	33
مشاہدہ	37
مَن کی دیوی	39
اندرون جنت	43
ساون	46
مرگ معصومی	50
ساقی	54
تدفین	56
دلیرانہ حملہ	59
چشمہ	64
پریت کریں	67
اِمتیاز	69
گاندھی جی کے قاتل سے	72
سروجنی نائیڈو	75
آزادی کے دو سال	77

ارادہ	82
مشورے	85
ایک تصویر	88
مری طرف نہ دیکھ	90
تعمیرِ آزادی	93
نوائے تلخ	96
جوان موتیں	98
آج پھر عہد کریں!	102
تضاد	105
تو کیا ہوگا!	111
حُسنِ مغموم	114
رُوحِ غالبؔ سے!	116
چین	122
آزادی وطن	124
رہنما کی موت	126

فرار	128
پھر نئی نظم کہوں	132
تصوّر	135

قطعات	138

حیات شعری

نام و وطن

نام : غلام معین الدین ۔ والد کا نام : مولا بخش ۔ تخلص : صادقؔ

والدِ مرحوم کہا کرتے تھے کہ تمہارے پر دادا عبداللہ صدیقی مغل فوج میں رسالدار تھے ۔ لیکن 1857 ء کی جنگ آزادی میں قتل کر دیے گئے اور تمہارے دادا نصیر آباد میں سکونت پذیر ہو گئے اور میں وہیں پیدا ہوا اس طرح ہمارا آبائی وطن دہلی ہی ہے ۔

مقام و تاریخ پیدائش

بروز جمعہ بوقت صبح صادق رانی پورہ روڈ اندور میں 7 محرم الحرام 1336 ھ مطابق 25 اکتوبر 1917 ء پیدا ہوا ، اور یہیں مستقل سکونت ہے ۔

والدہ کا نام صغریٰ بیگم تھا جو سابق ریاست جاؤرہ (مالوہ) کے عامل (نائب تحصیلدار) جناب جان علی خاں کی سب سے بڑی صاحبزادی تھیں جن کو والیانِ ریاست سے رشتہ تھا۔

ابتدائی حالات اور تعلیم

شرفا کے دستور کے مطابق جب میری عمر چار سال، چار ماہ اور دس دن کی ہو گئی تو مجھے قرآن پاک پڑھنے کے لیے بٹھا دیا۔ بسم اللہ شریف حافظ قاری مولوی حکیم عبدالرزاق غریق خیر آبادی نے بڑھائی۔ جب میں نے قرآن پاک ختم کیا اس وقت میری عمر بمشکل ساڑھے چھ سال کی تھی۔ قرآن پاک والدہ مرحوم نے ہی پڑھایا تھا اور جب میں قرآن پاک دُہرا چکا تو والدہ نے اردو کی تعلیم دینی شروع کی۔ جب اردو پڑھنے کی شد بد پیدا ہو گئی تو رسالۂ دینیات (جو انجمن حمایت الاسلام لاہور سے طبع ہوتا تھا) شروع کرا دیا گیا کیونکہ والدہ مرحوم کی دلی تمنا تھی کہ مجھے مولوی بنائیں۔ جب قریب سوا سات سال کا ہو گیا تو فارسی کی پہلی کتاب شروع کرائی گئی۔ یہ کتاب ختم بھی نہیں ہوئی تھی کہ والدہ سخت بیمار ہو گئیں اور تین چار ماہ کی علالت کے بعد ہمیشہ کے لیے داغ مفارقت دے گئیں۔ اس وقت چونکہ گھر میں کوئی عورت نہیں تھی اور والد ریلوے کے ملازم تھے، میری نگہداشت نہیں کر سکتے تھے اس لیے انہوں نے میری والدہ کے ماموں حافظ سید احسان علی صاحب کے پاس مجھے جاوَرہ بھجوا دیا۔ میں وہاں حافظ نور عالم مرحوم سے فارسی کا درس لیتا رہا لیکن تین یا چار

ماہ گزرے تھے کہ میں وہاں یکایک بیمار پڑگیا اور مرض نے شدت اختیار کر لی۔ وہاں معقول علاج کا انتظام نہ تھا اس لیے والد مرحوم پھر اندور لے آئے۔ مرض کا یہ عالم تھا کہ یہاں متعدد معالجین کی سمجھ میں نہ آتا تھا۔ میرے دونوں ماموں محمد علی خاں صاحب شایقؔ اور حامد علی خاں صاحب قریب قریب مایوس ہو چکے تھے لیکن والد مرحوم ہر قربانی دینے کے لیے تیار تھے۔ کیونکہ میں ان کی تین مرحوم بیویوں میں تنہا بچہ تھا۔ ادھر قدرت مجھ سے ادبی خدمت لینے کے لیے زندہ رکھنا چاہتی تھی، اور قدرت نے ایک ایسا وسیلہ مہیا کر دیا یعنی خوش قسمتی سے حکیم غریقؔ صاحب مرحوم کے یہاں ٹونک سے ایک بزرگ تشریف لے آئے جو صرف حکیم ہی نہیں بلکہ صوفی اور پیر طریقت بھی تھے۔ حکیم غریقؔ صاحب والد مرحوم سے قلبی تعلق رکھتے تھے۔ اس لیے فوراً ہی پیر کامل کی آمد کی اطلاع دی۔ (یہ بزرگ شاعر بھی تھے۔ نام تھا شیخ محمد ابراہیم تخلص روحیؔ فرماتے تھے) اسی وقت والد مرحوم مع حکیم غریقؔ صاحب ان بزرگ کو لے کر آئے۔ جمعرات کا دن تھا اور عصر کا وقت۔ جب وہ تشریف لائے تو میری حالت نہایت غیر تھی۔ ہر دو بزرگوں نے بغور معائنہ فرمایا اور والد سے فرمایا کہ دعا کیجیے اگر یہ رات بعافیت گزر گئی تو بچے کی زندگی کی

امید کی جا سکتی ہے۔ انہوں نے چند نقش چینی کی طشتری پر زعفران سے لکھ کر مرحمت فرمائے اور کوئی دوا چاٹنے کے لیے دی۔ نقش پلائے جا رہے تھے، دوا چٹائی جا رہی تھی لیکن نصف رات تک وہی عالم رہا کہ دورہ پندرہ پندرہ منٹ کے بعد پڑتا تھا اور نبض ڈوبنے لگتی تھی مگر خدا نے سب کی دعائیں قبول فرمائیں۔ اور صبح ہوتے ہوتے مرض میں کافی فرق پڑ گیا۔ بعد نماز فجر حکیم غریقؔ صاحب اور روحیؔ صاحب بہ نفس نفیس تشریف لائے۔ میری حالت دیکھی اور والد مرحوم سے کہا مبارک ہو بابو صاحب! بچے کی جان بچ گئی۔ آج کی رات انتہائی سخت تھی جو گزر گئی۔ انشاء اللہ تعالیٰ اب مرض میں افاقہ ہوتا رہے گا۔ پھر انہوں نے کچھ عرق اور معجونیں تجویز کیں جن کا فوراً ہی استعمال شروع کر دیا گیا۔ پندرہ دن تک روحیؔ صاحب قیام پذیر رہے، اس دوران میں میری حالت ایسی ہو گئی تھی کہ بستر پر سے خود بخود اٹھ جاتا تھا اور کسی کے سہارے سے کھڑا بھی ہو جاتا تھا۔ مکمل صحت میں قریب تین ماہ لگ گئے اور پھر میری تعلیم کا سلسلہ شروع ہو گیا۔ حکیم غریقؔ صاحب نے گلزار دبستاں شروع کرائی۔ مرحوم سے کم و بیش ایک سال تک فارسی کا درس لیتا رہا لیکن والد مرحوم سے وگوں نے کہا کہ انگریزی کا زمانہ ہے، آپ تو انگریزی شروع

کرا ییئے۔ غرض انگریزی کی تعلیم شروع کی گئی اور جب ابتدائی مراحل طے ہو گئے تو باقاعدہ درسی کتب کا مطالعہ شروع کیا گیا اور پھر مہاراجہ شیواجی راؤ ہائی اسکول میں داخلہ لے کر 1937ء میں میٹرک کا امتحان پاس کیا، جہاں اردو و فارسی بطور مضمون خصوصی پڑھیں۔ بعد ازاں الہ آباد بورڈ سے اعلیٰ قابلیت اردو (اعلیٰ قابل) کا امتحان پاس کیا لیکن انٹر میڈیٹ (ایف۔ اے) میں کامیاب نہ ہوسکا، اس طرح تعلیم مکمل نہ ہو سکی۔ لیکن اپنی طور پر انگریزی اور فارسی کی متعدد کتابیں زیر مطالعہ رہیں اور اردو ادب کا غائر مطالعہ کیا۔ جو اِس عمر میں کسی حد تک جاری ہے۔

شاعری کی ابتدا

میرے ایک مرحوم دوست جمیلؔ اور مفتوںؔ نگینوی نے تحریک دی کہ میں بھی شعر کہوں۔ غرض انہیں کی تحریک اور تحریص سے میں نے 34ء کے وسط میں شعر کہنا شروع کیا اور چونکہ اردو اور فارسی میرے نصاب میں تھیں اس لیے شعر کہنے میں کافی مدد ملی اور بہت کم وقفہ میں مشق و مزاولت نے کئی منزلیں طے کرادیں۔

شاگردی

کوئی فن بغیر استاد کے حاصل نہیں ہوتا۔ عزیزم جمیلؔ و مفتونؔ میرے ماموں جناب شایقؔ کے شاگرد تھے۔ اس لیے ابتدا میں انہیں سے اپنے کلام پر اصلاح لی لیکن میں مطمئن نہیں تھا اور کسی ماہر فن کی تلاش تھی کوئی دو سال کے بعد اتفاقاً والد مرحوم کے خاص دوست پنڈت پربھو دیال مصر عاشقؔ لکھنوی اندور تشریف لائے چنانچہ میں نے ان کے سامنے زانوئے ادب تہہ کیا لیکن ان سے صرف چار پانچ غزلوں پر ہی اصلاح لی تھی کہ ان کا انتقال ہو گیا۔ ایسی صورت میں غیرت نے گوارا نہیں کیا کہ کسی اور کے سامنے جاؤں۔ اس لیے میں نے اپنے ذوق و وجدان اور خود اعتمادی کے سہارے ہی ہر دشوار راہ عبور کی۔ پنڈت عاشق لکھنوی پہلے بیان ویزدانی میرٹھی سے اصلاح لیتے تھے لیکن ان کی وفا کے بعد مولانا حالیؔ سے منسلک ہو گئے۔ اس طرح میرا سلسلہ غالبؔ تک پہنچتا ہے۔

شادی

1941ء میں شہر جاؤرہ کے مشہور عالم اور مفتیِ شہر مولوی سیّد احمد علی صاحب کی صاحبزادی عبیدہ خاتون سے ہوئی جو بفضلہ خود بھی ادیب اور شاعر ہیں اور عبیدہ انجمؔ کے نام سے کبھی کبھی لکھتی رہتی ہیں۔

اولادیں

یوں تو خدا نے چھ بچے عنایت فرمائے لیکن تین لڑکیاں کم عمری ہی میں فوت ہو گئیں۔ اب بفضلہ تین بقید حیات ہیں۔ پہلی لڑکی عاتکہ فرزانہ۔ ایم، اے (علیگڑھ)

دوسرا لڑکا اعجاز اختر۔ ایم ایس سی جیولوجی (علیگ) اور تیسرا لڑکا ریحان احمد۔ دونوں بڑے بچے برسر روزگار ہیں اور معقول عہدوں پر فائز ہیں۔ اعجاز اختر سلمہٗ جدید نظمیں اور غزلیں کہتے ہیں اعجاز عبید کے نام سے چھپتے رہتے ہیں۔

نظریات

میں ادب میں کسی تحریک یا نظام (Ism) کا قائل نہیں ہوں۔ ابتدائے شاعری میں مجھے حضرات اصغر گونڈوی، فانی بدایونی اور سیماب اکبر آبادی نے اور کسی حد تک جگر مراد آبادی نے متاثر کیا تھا اور اس کا عکس میری ابتدائی غزلوں میں دیکھا جا سکتا ہے۔ لیکن جوں جوں شعور میں پختگی آنا شروع ہوئی میں اپنے لیے نئے راستے نکالنے کی کوششیں کیں۔ شعری زندگی سے لے کر آج تک شراب اور مستی سے متعلق کوئی شعر نہیں کہا، کیونکہ شروع ہی سے اسے ''ام الخبائث'' سمجھتا ہوں۔ ہاں جو کچھ محسوس کیا اور حالات

حاضرہ سے تاثر ملا انہیں کو اپنے شعروں میں ڈھالنے کی کوشش کی اور شعر برائے شعر سے حتی الوسع پرہیز کیا۔ کبھی قدیم، جدید، اور نئی شاعری کے جھمیلوں میں نہیں پڑا اور نہ ہی کسی کی مخالفت کی۔ اپنی صلح جو طبیعت نے اسی لیے کسی کا پابند نہ ہونے دیا اور اسی سبب سے ہر مکتب خیال کے لوگ مجھ سے صرف محبت ہی نہیں بلکہ احترام بھی کرتے ہیں۔ تا دم حیات عروض و فن سے بیزاری کے اظہار کو بدعت سیہ کے مترادف تصور کرتا ہوں۔ ہمیشہ زبان وہ بیان کی نوک پلک درست کرنے کی کوشش میں رہتا ہوں۔ میرے مجموعۂ کلام میں اسی وجہ سے کم سے کم اسقام و عیوب ملیں گے۔ کیونکہ پاک اور بے عیب ذات تو صرف خدائے برتر کی ہے، میں تو بہر حال انسان ہوں۔

میری محبوب صنف غزل اور رباعی ہے لیکن میں نے نظمیں، قطعات، نعتیں، سلام، اور منقبتیں بھی کہی ہیں۔ اجمیر، علی گڑھ، چتّوڑ، رتلام، احمد آباد، میرٹھ، بھوپال، جاوَرہ، کھنڈوہ، برہانپور، نیماہیڑہ، نیمچ اور کئی مقامات کے مشاعروں میں شرکت کی اور علامہ مانیؔ جائسی سیہ مابؔ جوشؔ جگرؔ فراقؔ انجمؔ فوقی بدایونی، روش صدیقی، علامہ ثروت میرٹھی، مولانا ابراحسنی گنّوری، شکیل بدایونی، شعری بھوپالی، باسط بھوپالی، مجروحؔ سلطانپوری، بہزاد لکھنوی، شفاؔ

گوالیاری، اعجاز صدیقی، ولی شاہ جہاں پوری، قبلہ بیدل آجمیری (یادگار ظہیر دہلوی) اور متعدد مشاہیر سے مجالست رہی۔ اور ان کے ساتھ مشاعرے پڑھے، اور کئی سال تک معیاری رسائل میں چھپتا رہا۔

مجموعۂ کلام

ابتدا میں 1934ء سے 1937ء تک ایک اچھا خاصا کلام جمع ہو چکا تھا جس کا تاریخی نام ''خم خانۂ خیال'' رکھا تھا۔ اس میں 120 غزلیں، 40 رباعیاں، اتنے ہی قطعات اور 120 نظمیں متفرق موضوعات پر تھیں لیکن شعور میں قدرے پختگی پیدا ہوتے ہی اسے محض ہذیان (بکواس) جان کر ضائع کر دیا۔ اب جو کلام موجود ہے وہ 1938ء سے شروع ہوتا ہے جس میں غزلیات، رباعیات، قطعات اور نظمیں سب کچھ ہیں۔ غزلیں مدھیہ پردیش اردو اکیڈیمی بھوپال نے حال ہی میں چھاپی ہیں اور نظمیں فخرالدین علی احمد کمیٹی حکومت اتر پردیش لکھنو کے مالی تعاون سے چھپوا کر پیش کر رہا ہوں۔

تلامذہ

یہ بھی عجیب بات ہوئی کہ جس شاعر نے مجھے شعر کہنے کے لیے توجہ دلائی وہی سب سے پہلے مجھ سے مشورۂ سخن کے لیے آگے آئے۔ یعنی جمیلؔ و مفتوں

نگینوی اور پھر کئی احباب و عزیز مشورۂ سخن کرنے لگے۔ اور اب بھی کچھ لوگ مشورہ لیتے ہیں۔ بیشتر تلامذہ ترک وطن کر گئے۔ جن کی زندگی کا ثبوت آج تک فراہم نہ ہو سکا اور کئی اللہ کو پیارے ہو گئے۔ اب جو باقی رہ گئے ہیں، وہ ہیں (1) عزیزی نادمؔ صادقی (احمد آباد)(2) محمد عزیز خاں قمر ٹونکی (نیو کراچی) (3) احسان علیم نکہتؔ(کراچی) (4) عبدالمجید سالکؔ (سیہور) (5) بسملؔ نقشبندی (بانسواڑہ، راجستھان) (6) شاہدؔ تلامی (رتلام) (7) انورؔ صادقی (اندور) (8) ایس ایم طارق شاہینؔ (اندور) (9) مراد رضا وسیمؔ (دوحد گجرات) (10) ممتازؔ صادقی (مہو)۔ انجم صادقی اور بسملؔ نقشبندی فارغ الاصلاح ہی نہیں بلکہ متعدد لوگوں کی تربیت میں مصروف ہیں ۔ ماہرؔ ممتازؔ اور انورؔ صادقی کی ترقی اچھی ہے اور ان سے اچھی توقع کی جا سکتی ہے۔

***

نعت رسولؐ

خلق و ایثار کی اک تازہ ہوا مانگے ہے
کائنات آج محمدؐ کی نوا مانگے ہے

جس کی چھاؤں نے معاصی کے اندھیرے توڑے
تیرہ گیتی وہی قرآں کی روا مانگے ہے

ریگ زاروں کو کیا جس نے شبستاں بکنار
آج کا دور وہی آب و ہوا مانگے ہے

زندگی تیرہ مراحل کی تجلّی کے لیے
نقش پاک شہ لولاک لما مانگے ہے

منزلیں بڑھ کے قدم چومتی ہیں خود اس کے
جو مسافر رہِ تسلیم و رضا مانگے ہے

آپؐ وہ رحمتِ عالم ہیں کہ اللہُ غنی!
آپؐ کا لطف ہر اک شاہ و گدا مانگے ہے

عرصۂ حشر میں یہ آپ کا شیدا صادقؔ
آپ کی چشمِ کرم نور خدا مانگے ہے
***

ملاقات کے بعد

رسیلی انکھڑیوں کا کیف بہتر یاد آئے گا
تبسم زیر لب کا حسن مضمر یاد آئے گا
نظر کا تیر اور ابرو کا خنجر یاد آئے گا
حقیقت ہے کہ تو اے فتنہ پرور یاد آئے گا

تری پیہم ملاقاتوں کا منظر یاد آئے گا
بہ ہر صورت بہ ہر عنوان اکثر یاد آئے گا

ضیائے ماہ سے ضو ریز گلہائے طرب ہوں گے
سرِ گلزار طالب اور مطلوب ایک جب ہوں گے
نظارے حُسن کے جس وقت بے ذوق طلب ہوں گے
فلک پر جب ستارے انجمن آرائے شب ہوں گے

تری پیہم ملاقاتوں کا منظر یاد آئے گا
بہ ہر صورت، بہ ہر عنوان اکثر یاد آئے گا

فضائے دہر پر جس وقت چھا جائے گی رنگینی
نظر آئے گی ہر جانب بہاروں کی دل آویزی
شمیمِ دل کشا پھیلائے گی جب اپنی سرمستی
پھرے گی ہر طرف جس دم نسیم اٹھکیلیاں کرتی

تری پیہم ملاقاتوں کا منظر یاد آئے گا
بہ ہر صورت بہ ہر عنوان اکثر یاد آئے گا

امید افزا میں جس دم شوق کی تصویر دیکھوں گا
محبت کو محبت ہی کا دامن گیر دیکھوں گا
کسی مہجور کی جب اوج پر تقدیر دیکھوں گا
کنارِ عشق میں جب حسن کی تصویر دیکھوں گا

تری پیہم ملاقاتوں کا منظر یاد آئے گا
بہ ہر صورت بہ ہر عنوان اکثر یاد آئے گا

کسی بلبل کو جب دیکھوں گا پھولوں کا تماشائی
جہانِ رنگ و بو میں جب نمایاں ہو گی رعنائی
نظر آئے گا جب کوئی ہم آغوش تمنائی
کسی محبوب کو دیکھوں گا جب نزدیک شیدائی

تری پیہم ملاقاتوں کا منظر یاد آئے گا
بہ ہر صورت بہ ہر عنوان اکثر یاد آئے گا

کہیں جب ہستیِ پروانہ شیدائے طرب ہو گی
کہیں جب شمع کوئی بزم آرائے طرب ہو گی
کہیں جب خود محبت کو تمنائے طرب ہو گی
کہیں جب سر بہ ساغر موج صہبائے طرب ہو گی

تری پیہم ملاقاتوں کا منظر یاد آئے گا
بہ ہر صورت بہ ہر عنوان اکثر یاد آئے گا

کوئی غارت گر دل ہو گا جب پہلوئے رہزن میں
قبائے گل کو جب دیکھوں گا بلبل کے نشیمن میں
کسی کو نغمہ پیرا جب سنوں گا صحنِ گلشن میں
نظر آئے گا جب کوئی کنول دریا کے دامن میں

تری پیہم ملاقاتوں کا منظر یاد آئے گا
بہ ہر صورت بہ ہر عنوان اکثر یاد آئے گا

کسی پیماں شکن کے جب کبھی وعدے وفا ہوں گے
عیاں جب انکھڑیوں سے عشوہ ہائے دلربا ہوں گے
کسی کے لب کسی کے لب سے جب خط آشنا ہوں گے
یہ نظارے مگر میرے لیے محشر نما ہوں گے

تری پیہم ملاقاتوں کا منظر یاد آئے گا
بہ ہر صورت بہ ہر عنوان اکثر یاد آئے گا

اندھیری رات میں رہ رہ کے وہ جگنو کی تابانی
بھری برسات میں ہو پے بہ پے نغموں کی ارزانی
نظر آئے گی جب ہر سو ترانوں کی فراوانی
میسر ہوگی جب صادقؔ کے دل کو اشک افشانی

تری پیہم ملاقاتوں کا منظر یاد آئے گا
بہ ہر صورت بہ ہر عنوان اکثر یاد آئے گا

(15 جنوری 1941ء مطبوعہ آئینہ' بمبئی)
***

شوہر کا انتظار

لے کر دوائے سوزش پنہاں کب آئیں گے؟
اللہ! وہ سکونِ دل و جاں کب آئیں گے؟
آرائشِ جمال کے ساماں کب آئیں گے؟
عقدہ کشائے زلف پریشاں کب آئیں گے؟
دشوار ہو رہی ہے گھڑی انتظار کی
اللہ وہ سکون بداماں کب آئیں گے؟
ہوں زندگیِ ہجر سے مجبور و مضطرب
وہ میرے جسم و جاں کے نگہباں کب آئیں گے؟
سونی پڑی ہے مسند خلوت میں کیا کروں
اے دل تو ہی بتا مرے سلطاں کب آئیں گے؟
اللہ پا رہا ہے غمِ عشق پھر فروغ
لونڈی کے پاس عیسیِ دوراں کب آئیں گے؟

برباد ہو رہا ہے مرا باغِ آرزو
وہ مالک بہارِ گلستاں کب آئیں گے؟
مجھ میزباں کو بخشیں گے جو سرمدی سکوں
رہ رہ کے دیکھتی ہوں وہ مہماں کب آئیں گے؟
کچھ منہ سے پھوٹ تو ہی اری خاموشی شوق!
ہاں بزمِ ناز میں وہ غزل خواں کب آئیں گے؟
آنکھیں ہیں اشک ریز تو ویراں ہے دل کا گھر
درمانِ دیدہ و دلِ ویراں کب آئیں گے؟
تاریک ہے مرے لیے ہر رات اے خدا!
وہ میرے شب کے ماہِ درخشاں کب آئیں گے؟
اب سست پڑ رہی ہے مری نبضِ آرزو
یارب! یم حیات میں طوفاں کب آئیں گے؟
بیٹھی ہوں نذر کرنے میں آج اپنے جسم و جاں
وہ بادشاہِ مملکت جاں کب آئیں گے؟
(3جون 41ء، مطبوعہ آئینہ)

***

چیونٹی

سرِ دیوار اک چیونٹی کو میں نے رینگتے دیکھا
بہ شانِ بے نیازی چڑھ رہی تھی وہ بلندی پر
بظاہر تو نظر آتا نہ تھا کوئی معین اس کا
مقرر ہو بھی کوئی شاید اس کی درد مندی پر
تعجب تھا مجھے اتنی سی جاں اور اتنی اونچائی
بغیر اسباب چڑھنا چاہتی تھی اس بلندی پر
تعجب کو کیا ضائع مرے اس فکر بے جا نے
کہ میں خود کو مقرر کر دوں اس کی راہ بندی پر
ہٹا دیتا تھا جتنی بار اسے میں اس کے مرکز سے
مگر ہر بار چڑھ جاتی تھی وہ اتنی بلندی پر

مری یہ کوششیں تھیں احمقانہ اصل میں لیکن
خود اس کی فکر تھی مائل کمال ہوش مندی پر
ہر اک کوشش مری جب کوشش بے کار ہوتی تھی
مجھے خود شرم آ جاتی تھی اس کی فتح مندی پر
وہ جب چڑھتی تو زنجیرِ غلامی توڑتی چڑھتی
وقار و سطوت آقا کا پنجہ موڑتی چڑھتی

***

(18جون 41ء مطبوعہ آئینہ)

نئی باتیں

وہ عیش کی شب، حسن طرح دار کی باتیں
انکار کی باتیں کبھی اقرار کی باتیں

وہ چرغ تمنا پہ تکلم کی خموشی
وہ آنکھوں ہی آنکھوں میں حیا کار کی باتیں

وہ جلوۂ مقصود کی رنگین شعاعیں
پروانے سے وہ شمع ضیا بار کی باتیں

وہ ناصیۂ ناز کی تابانیِ پیہم!
وہ سلسلۂ نورِ گہر بار کی باتیں

وہ عارض گل گوں کی درخشانی دلکش
وہ حسنِ مہ و مہر سے تکرار کی باتیں

آنکھوں سے چھلکتے ہوئے وہ حسن کے جلوے
نظروں سے چھلکتی ہوئی وہ پیار کی باتیں
ہونٹوں کی خموشی میں ترنم کی ترنگیں
اللہ رے اس جذبۂ بیدار کی باتیں
ہر جنبش ابرو میں اک انداز کا نقشہ
وہ قتل گہ ناز میں تلوار کی باتیں
وہ گیسوئے مشکیں کی مہکتی ہوئی خوشبو
وہ یاسمن و عنبر و تاتار کی باتیں
ہلکے سے تبسم میں سخن ہائے محبت
مدھم سے ترنم میں سروکار کی باتیں
ہر جذبۂ مشتاق تھا کھولے ہوئے آغوش
وہ خامشیِ ناز میں اقرار کی باتیں
وہ ان کی نگاہوں میں بلندی کے مناظر
معدوم وہ سب پستیِ افکار کی باتیں

وہ میرے سوالات پہ خاموشیِ گفتار
وہ جذبۂ بے باک کے اظہار کی باتیں

صادقؔ کبھی بھولا ہوں نہ بھولوں گا میں تا حشر
وہ پردۂ انکار میں اقرار کی باتیں

(3جون 41ء مطبوعہ آئینہ 'بمبئی')

***

کسی کو رخصت کرتے وقت

ابھی تو میری تمنّا جوان ہے دیکھو
ابھی سے میری تمنّا مٹا کے جاتی ہو
ابھی تو تکملۂ وصل کی ضرورت تھی
ابھی سے ہجر بہ داماں بنا کے جاتی ہو
ابھی تو میری نگاہوں میں تاب تھی باقی
ابھی سے پردۂ رنگیں گرا کے جاتی ہو
ابھی تو دل میں تھی حسرت شراب عشرت کی
ابھی سے بادۂ فرقت پلا کے جاتی ہو!
ابھی تو عیش کے لمحوں کو طول دینا تھا
ابھی سے عیش کے لمحے گھٹا کے جاتی ہو

تمہیں گمان ہے مسرور و شاد کام ہوں میں
مجھے یقین ہے مجھ کو مٹا کے جاتی ہو!
اکیلا چھوڑ کے جاتی ہو مجھ کو تم لیکن،
مجھے خوشی ہے کہ اپنا بنا کے جاتی ہو!

"وداع و وصل جدا گانہ لذتِ وارد
ہزار بار برو صد ہزار بار بیا(1)"
(1)غالب
21۔ جولائی 41ء
***

.... سے

سنو! کہ ایک پیامِ طرب سناتا ہوں
تمہارے پاس، تمہارے قریب آتا ہوں
تمہاری یاد تمہارے خیال سے ہے سکوں
صعوبتیں بھی جو آئیں تو مسکراتا ہوں!
تمہاری یاد سے بیدار ہوتے ہیں احساس
ہر ایک ولولۂ دل کو گدگداتا ہوں!
پھر آ رہا ہے تصوّر تمہاری آنکھوں کا
پھر اپنے دل کو مئے ارغواں پلاتا ہوں
پھر آ رہی ہے تصوّر میں کاکُلِ مشکیں!
پھر اپنی محفلِ الفت کو گرم پاتا ہوں
پھر آج حسن تمہارا ہوا ہے جلوہ فروش
پھر آج تابِ نظر کو میں آزماتا ہوں

پھر آج دل کے دھڑکنے میں لطف آتا ہے
پھر آج خود کو تمہارے قریب پاتا ہوں
تمہارے چہرۂ انور کی دید ارے توبہ!
فروغِ مہر سے بازی لگائے جاتا ہوں
نظر کی آرزوئیں قلب کی تمنّائیں
برائے نذر تمہارے حضور لاتا ہوں

اگر پسند ہوں دامن میں اپنے بھر لینا
حقیر پیش کشوں کو قبول کر لینا

24 جولائی 41ء
'آئینہ' بمبئی
★★★

مفلس کی عید

احساس آرزوئے بہاراں نہ پوچھیے
دل میں نہاں ہے آتش سوزاں نہ پوچھیے
عید آئی اور عید کا سامان نہ پوچھیے
مفلس کی داستاں کسی عنواں نہ پوچھیے

ہے آج وہ بہ حالِ پریشاں نہ پوچھیے

روزے تو ختم ہو گئے با صد غم و ملال
اب عید آئی اور وہ ہونے لگا نڈھال
بچوں کا بھی خیال ہے اپنا بھی ہے خیال
دامن ہے چاک بال پریشان غیر حال

کچھ داستانِ چاک گریباں نہ پوچھیے

منہ میں نہیں زباں جو کچھ حالِ دل کہے
غیرت کا اقتضا ہے کہ خاموش ہی رہے
آنکھوں سے موج اشک جو بہتی ہے تو بہے
ہے سر پہ ایک ہاتھ تو اک ہاتھ دل پہ ہے (1)

افلاس کا یہ منظر عریاں نہ پوچھیے

دل میں لیے ہوئے ہوسِ عیش بے شمار
اور زیب تن کیے ہوئے ملبوس زر نگار
منعم ادھر رواں ہے بصد شان و افتخار
ہیں اس طرف نشاط کے اسباب آشکار

اور یہ ادھر ہے گریہ بہ داماں، نہ پوچھیے

منعم کو دیکھ کر دمِ بازو نکل گیا
اس کے ملال کا کوئی پہلو نکل گیا
مفلس کے دل سے نعرۂ یا ہو نکل گیا
عید آئی اور آنکھ سے آنسو نکل گیا

کس درجہ ہے وہ بے سر و ساماں، نہ پوچھیے

ہر چند دل میں حسرت و ارماں ہیں بے قرار
لیکن وہ اپنا حال کرے کس پہ آشکار
دشمن وجود اس کا عدو اس کی جان زار
جائے کہاں نہیں ہے کوئی اس کا غم گسار

لائے کہاں سے عیش کے ساماں، نہ پوچھیے

اک جانِ زار اس پہ ہزاروں جفا و جور
کس کا خیال رکھے وہ کس پر کرے وہ غور
کمزور سی اک آہ میں اس کی ہے اتنا زور
صادق بپا ہے محفلِ امکاں میں ایک شور

برہم ہے نظمِ عالمِ امکاں نہ پوچھیے

....
1۔ ضرورت شعری کے تحت

....
(13 اکتوبر 41 'آئینہ'، بمبئی)
***

مشاہدہ

(سانٹ)

نہ جانے کیا جنوں مجھے سما رہا تھا ایک دن
نظر تمام اضطراب دل تمام آرزو
تصوّر جبیب سے خیال گرم گفتگو
نہ پوچھ ہم نشیں کہاں میں جا رہا تھا ایک دن

روش روش چمن چمن عیاں، نہاں، نہاں عیاں
سمن بھی، نسترن بھی، یاسمین اور گلاب بھی
نسیم بھی شمیم بھی، بہارِ پر شباب بھی

نظر کی زد میں آ گیا تھا کل فروغ بوستاں

مری نظر کے سامنے نہ تحت تھا نہ فوق تھا
غیاب اور حضور بھی، نیاز اور ناز بھی
عدم بھی اور وجود بھی، حقیقت اور مجاز بھی
مشاہدہ کا ذوق پھر مشاہدہ کا ذوق تھا

عجب عجب لطیف چیز دیکھتا چلا گیا
ہر ایک شکل بے تمیز دیکھتا چلا گیا

(2 مارچ 42ء آئینہ بمبئی)

***

مَن کی دیوی

فضا میں جب گونجتے ہیں نغمے رسیلے اور مدھ بھرے سروں میں
نفس نفس کھو سی جاتی ہے جب کہ کائنات ان نئے سروں میں
بہار جب اپنا دامنِ گل فروش پھیلاتی ہے چمن پر
جب از سر نو شباب آتا ہے یاسمین اور نسترن پر
نسیم پر اپنے پھڑپھڑا کر جب اپنی خوشبو بکھیرتی ہے
سحر کی دیوی چمن میں پڑھ پڑھ کے اپنا جادو بکھیرتی ہے
ہر اک کلی لب کے خنجروں سے دلِ عنادل کو چیرتی ہے
جراحتِ اضطراب جس وقت ہر رگِ دل کو چیرتی ہے
سُرور زن قمریاں چمن میں جب اپنے نغمات چھیڑتی ہیں
وفور جذبات کے سبب سے رسیلے نغمات چھیڑتی ہیں

گلاب جب مست بلبلوں کو قریب تر اپنے دیکھتا ہو
ہجومِ کیف و سرور بن کر ورق ورق مسکرا رہا ہو
کوئی نگارِ حسین چہرہ خرام کی مستیاں دکھا کر
روش روش چل رہا ہو جس دم ہر اک سے خود کو بچا بچا کر
سمندروں کا بسیط پانی بلند ہو جب سحاب بن کر
محیط بادل جب آسماں سے کریں ہبوط آب آب بن کر
زمیں کا جب ہر ایک ذرّہ چمک اٹھے تاب دار ہو کر
گلوں کے سینوں سے پھوٹ نکلیں جو مستیاں بے قرار ہو کر
تمازتِ آفتاب میں جب ہر آدمی محو کار ہو کر
مسائلِ زندگی کو سلجھا رہا ہو بے اختیار ہو کر

اندھیری راتوں میں جب پپیہے کی ہر نظر ''پی'' کو ڈھونڈتی ہے
نگاہِ مے خوار موسم گل میں جب گلابی کو ڈھونڈتی ہے
حسین بجلی چمکتی ہے جب فراق کی تنگ و تار شب میں
چراغ جگنو کے ٹمٹماتے ہیں جب کبھی بار بار شب میں

امیر پر جب مشیت اپنے تمام گنجینے کھولتی ہے،
غریب مزدور کی مشقت جب اپنا دامن ٹٹولتی ہے
کوئی زماں ہو کوئی مکاں ہو کوئی ہو لمحہ کوئی ہو ساعت
ہمیشہ رہتی ہے میری دیوی مجھی پہ تیری نگاہ رحمت
ہر ایک لمحہ، ہر ایک ساعت مری تمنا کی کھڑکیوں سے
تری محبت تری تجلّی، تری نظر مجھ کو دیکھتی ہے

وہ میں کہ بن کر ترا پجاری تری محبت میں جھومتا ہوں
وہ میں کہ چرنوں کو تیرے ہر دم جبین اور لب سے چومتا ہوں
مری رگوں میں تو موج زن ہے مرے لہو میں تو پیرتی ہے
تو میرے دریائے آرزو میں مثال کشتی کی تیرتی ہے
مرے تخیّل پہ تو مسلّط، تو میرے افکار کی نگہباں!
مرے سخن پر ترا تسلّط، تو میرے اشعار کی نگہباں!
میری تمنّا کی تازگی ہے، میری نگاہوں کی روشنی ہے
کبھی تو ہے جزو زندگانی کا اور کبھی عین زندگی ہے

میری محبت ترے لیے ہے، تری محبت مرے لیے ہے
میری عقیدت ترے لیے ہے، تری عنایت مرے لیے ہے
حسین راتوں کی انجمن میں فروغ انجم مرے لیے ہے
ترا تکلم مرے لیے ہے، ترا تبسم مرے لیے ہے
وہ میں کہ مجھ پر ہوئی ہیں ہر لحہ تیرے الطاف کی نگاہیں
وہ تو کہ دل میں ترے ملی ہیں مرے ہر اک کرب کو پناہیں
مری محبت کی روز اول سے آج تک تو نے قدر کی ہے
ازل کے دن سے تری روش میں وہی قدیمی سلامتی ہے
اگر اٹھیں تو مری ہی جانب، اگر پڑیں تو مرے گلے میں
جو لمسِ دشمن سے ہیں منزہ وہ نرم نرم اور گداز باہیں
تری محبت، مری محبت جو ساتھ ساتھ استوار ٹھہری
تری وفا پائدار ٹھہری، مری وفا پائدار ٹھہری

25اپریل42ء

***

اندرونِ جنت

پہلو فنا بقا کے سمجھا کے آ گیا ہوں
افسانۂ ازل کو دہرا کے آ گیا ہوں
رضواں نہ چھیڑ مجھ کو گھبرا کے آ گیا ہوں
آسائشِ جہاں کو ٹھکرا کے آ گیا ہوں
رستے میں زندگی نے روکا تھا مجھ کو لیکن
سیلاب تند رہ سے ٹکرا کے آ گیا ہوں
کچھ بھی ہو حشر اس کا، مجھ کو نہیں ہے پروا
دنیا کو عیش و غم میں الجھا کے آ گیا ہوں
کوئی اسیر غم ہو کیا مجھ کو غم کہ میں تو
ہستی کی گتھیوں کو سلجھا کے آ گیا ہوں

اپنے گداز دل کے نغمے سنا سنا کر
کونین کی فضا کو تڑپا کے آ گیا ہوں
کیا چیز ہے محبت اور اس کا راز کیا ہے
ہر ایک کد مفصل سمجھا کے آ گیا ہوں
کونین مانگتے تھے اک جنس درد مجھ سے
ممکن بھی تھا مگر میں ترسا کے آ گیا ہوں
دو ساعتیں ملی تھیں فرصت کی عمر بھر میں
ان سے ہی اپنے دل کو بہلا کے آ گیا ہوں
دیکھی گئی نہ مجھ سے میری گناہ گاری
خود اپنی معصیت پہ شرما کے آ گیا ہوں
جنّت کے رہنے والو۔ دنیا سے آنے والو
دنیا سے آج میں بھی اکتا کے آ گیا ہوں
دل کا گداز لے کر، سینے کا راز لے کر
آنکھوں سے غم کے شعلے برسا کے آ گیا ہوں
اس وقت پھر رہا ہوں خلد بریں میں لیکن
اعراف کے بھی در تک میں جا کے آ گیا ہوں
دنیائے شاعری میں اشعار کی بدولت

اپنے سخن کا لوہا منوا کے آ گیا ہوں
ایسے کئی مواقع پیش آئے مجھ کو صادقؔ
خوں پی کے رہ گیا ہوں غم کھا کے آ گیا ہوں
2اگست42ء

***

ساون

ہر اک شکل سے ہے نمایاں قرینہ
نظر کھے رہی ہے چمن کا سفینہ
قدم با قدم اور زینہ بہ زینہ
بہار آئی لے کر گلوں کا خزینہ

یونہی بیت جائے نہ ساون مہینہ

پرے کے پرے لڑکیوں کے کھڑے ہیں
چمن میں ہر اک سمت جھولے گڑے ہیں
ہیں مسرور جتنے بھی چھوٹے برے ہیں
گر میری قسمت پہ پتھر پڑے ہیں

یونہی بیت جائے نہ ساون مہینہ

سکھی پی جو رہ رہ کے یاد آ رہے ہیں
مرے من کی اگنی کو بھڑکا رہے ہیں
بیاکل کو وہ اور تڑپا رہے ہیں
وہ آتے نہیں دکھ مجھے کھا رہے ہیں

یونہی بیت جائے نہ ساون مہینہ

انہیں اپنی جانب سے سندیس بھیجوں
اگر لکھ سکوں تو مرا حال لکھوں
بیاکل بیاکل بیاکل بہت ہوں
کہاں تک پکاروں کہاں تک پکاروں

یونہی بیت جائے نہ ساون مہینہ

میں برہا کی ماری بیاکل ہوں ساجن
تو وہ گل ہے جس کی میں بلبل ہوں ساجن
تو مے خوار ہے میں تری مل ہوں ساجن
ز سر تا قدم تیری ہی کل ہوں ساجن

یونہی بیت جائے نہ ساون مہینہ

کہاں تک غم ہجر سہتی رہوں میں
جدائی کے ساگر میں بہتی رہوں میں
تباہی سے دوچار رہتی رہوں میں
تڑپتی رہوں اور یہ کہتی رہوں میں

یونہی بیت جائے نہ ساون مہینہ

نہیں ہے غمِ ہجر مجھ کو گوارا
مری زندگانی ہے اب بے سہارا
تپاں ہے مرے دل میں گم کا شرارا
گزرنے کو ہے ساون آ جا خدارا

یونہی بیت جائے نہ ساون مہینہ

17 اگست 42ء
★★★

مرگ معصومی

(اپنی بچی قانتہ سرتاج کی وفات پر)

مری دنیا میں بھی اک وقت آیا تھا مسرّت کا
دکھایا تھا خدا نے اک کرشمہ اپنی قدرت کا
مجھے بخشی تھی اک شے دم بہ دم مسرور رہنے کو
اور اس کے ساتھ گویائی حدیث عیش کہنے کو
مجھے بخشا تھا میرے درد کا درماں کسی صورت
مجھے بخشا تھا میرے چین کا ساماں کسی صورت
ہوا تھا میرے ویرانے میں ظاہر نورِ آبادی
بہ انداز مسرّت بافشانِ عشرت و شادی
مرے گلشن میں آیا تھا نسیم عیش کا جھونکا
مرے نخل تمنّا میں ہوا تھا اک ثمر پیدا

وہ پھل یعنی وہ ہستی جس کو تسکیں جان کی کہیے
نظر کا نور دل کا چین، جانِ زندگی کہیے
وہ ہستی جس کی ذاتِ نیک تھی افضل فرشتوں سے
وہ ہستی پاک تھی جو دہر کے ناپاک رشتوں سے
وہ ہستی جس کو باغ زندگی کی اک کلی کہیے
جسے صد موجب تسکین و وجہ زندگی کہیے
وہ ہستی جس کے دم سے میرے گلشن میں بہار آئی
وہ ہستی جو ہر اک سامانِ عشرت ساتھ میں لائی
وہ ہستی جس کا گریہ سرمدی نغموں سے پیارا تھا
وہ ہستی جس کا رونا زندگانی کا سہارا تھا
وہ ہستی جس کے ہر آنسو پہ گوہر رشک کرتا تھا
رُخِ روشن پہ جس کے ماہِ انور رشک کرتا تھا
وہ ہستی جس کو اہلِ کائنات اولاد کہتے ہیں
وہ ہستی جس کو تسکینِ دلِ ناشاد کہتے ہیں
وہ ہستی جس کو جانِ مادر و روحِ پدر کہیے

سکونِ دل سمجھیے راحتِ درد جگر کہیے!
وہ تھی اک روحِ پاکیزہ اطاعت کیش و حق ترسا
دمِ تولید جس کے منہ سے نام اللہ کا نکلا
کسے معلوم تھا اک صبح ایسی آنے والی ہے
کہ سب کو چھوڑ کر ملکِ بقا وہ جانے والی ہے
کسے معلوم تھا دست اجل ہے گھات میں اپنی
گھرے گی زندگانی گردشِ آفات میں اپنی
کسے معلوم تھا ہم کو ملے گا داغ فرقت کا
کسی دم سامنا کرنا پڑے گا اس مصیبت کا
درد دیوار سے آلام کے شعلے نکلتے ہیں
دلوں کے ساتھ چہروں پر چراغِ یاس جلتے ہیں
اِدھر نانی کو صدمہ ہے ادھر نانا کو صدمہ ہے
اِدھر دادی ہے رنجیدہ، اُدھر دادا کو صدمہ ہے
اِدھر ماموں کی آنکھوں میں ہے اشکوں کی فراوانی
اُدھر خالاؤں کی تھمتی نہیں ہے اشک افشانی

اِدھر خود باپ کو اک صدمۂ جانکاہ پہنچا ہے
اُدھر ماں کی وہ حالت ہے کلیجہ منہ کو آتا ہے
کئی دن ہو گئے اس سانحے کو لیکن اب تک بھی
وہی صدمے کا عالم ہے وہی ہے گریہ و زاری
اعزّہ اور احبّا صبر کی تلقین کرتے ہیں
فزوں ہوتا ہے صدمہ جتنی وہ تسکیں کرتے ہیں
زمانے میں ہوا کرتے ہیں ایسے سانحے اکثر
کسی دن ہم کو آخر صبر آ جائے گا رو رو کر
"خدا دیتا ہے جن کو عیش ان کو غم بھی ہوتے ہیں
جہاں بجتے ہیں نقارے وہاں ماتم بھی ہوتے ہیں"
(1)

(1) داغؔ
15 نومبر 42ء

***

ساقی

ابھی پیمانہ خالی ہے ابھی ہے بے کلی ساقی
مری رگ رگ میں بھر دے التہابِ زندگی ساقی
ترے لب سے صلائے عام کی آواز کیا نکلی
ابھی تک زندگی ہے گوش بر آواز ہی ساقی
شریک دورِ ساغر تیری محفل میں ہے واعظ بھی
یہ کیسا امتزاج دشمنی و دوستی ساقی!
ہماری ہی طرح یہ صید ہے تیری نگاہوں کا
نکلتا ہے لبِ مینا سے سازِ عاشقی ساقی
جہانِ بے سکوں میں اک سکوں کی لہر دوڑا دے
کہ تیرے جام میں ہیں جلوہ ہائے آشتی ساقی

مٹاتی ہے اگر دنیا مٹا دے مجھ کو کیا پروا
ازل ہی سے ہوں میں زندانیِ بے گانگی ساقی
اشاروں پر ترے جھکتے ہیں مے کش سامنے تیرے
تو اپنے میکدے میں کر رہا ہے داوری ساقی
ترے آگے کسی کی پیش جائے غیر ممکن ہے
شعور عقل کی طاقت بھی ہم نے دیکھ لی ساقی
جسے فردوس کہتے ہیں، جہنم نام ہے جس کا
وہ تیرا لطف ہے ساقی وہ تیری برہمی ساقی

11 فروری 43ء

***

تدفین

(شہرۂ آفاق نظم The burial of Sir John Moore کا لفظی ترجمہ
.... بہادر سپاہی میدان جنگ میں وطن عزیز کے لیے اپنی جان قربان کر چکے ہیں۔ بھی صبح نہیں ہوئی ہے۔ ہر طرف تاریکی مسلّط ہے۔ رات کے آخری حصہ میں چند سپاہی شہید وطن کو قلعہ کی دیوار کے قریب دفن کرتے ہیں)۔

نہ کوئی طبل کی آواز نہ تدفین کا ساز
سوئے دیوار لیے جاتے تھے جب لاش اس کی
الوداعی، کسی فوجی نے سلامی بھی نہ دی
ہائے وہ قبر جہاں دفن ہے اپنا جانباز
شب تاریک میں دفن اس کو کیا قبلِ سحر
اپنی سنگینوں سے اک قبر کو ہم نے کھودا

کچھ نہ تھا چاند کی پر کہر شعاعوں کے سوا
ٹمٹماتی ہوئی اک مشعل دیرینہ مگر۔۔۔۔۔
اردگرد اس کے کوئی حلقۂ تابوت نہیں
نہ کسی کپڑے نہ چادر میں لپیٹا ہم نے
اس طرح لیٹا ہے وہ مرد مجاہد جیسے
اپنی اس کسوتِ فوجی کے لیے زیر زمیں
مختصر طور پہ کی ہم نے دعا اس کے لیے
غم کا اک لفظ بھی اپنی نہ زباں سے نکلا
غور سے دیکھتے تھے چہرۂ مردہ اس کا
تھے مگر ذہن میں آئندہ کے خونیں نقشے
ہم نے تیار کی اس کے لیے اک جائے قیام
بالش سر کے لیے بھی نہ رکھا کوئی نشاں
اور خیال آیا کہ روندیں گے کسے دشمن جاں
دور ہم ہوں گے کہیں ساحل دریا پہ تمام
نصف بھی کام ہمارا نہ ہوا تھا پورا

دفعتاً خطرے کی گھنٹی نے ہمیں چونکایا
اور کہیں دور سے توپوں کے گرجنے کی صدا
ہو گیا ہم کو یقیں دشمنِ جاں آ پہنچا
آبدیدہ مگر آہستہ اسے دفن کیا
شہرت خونیں کے میداں سے اٹھا کر ہم نے
نہ لکھا کتبہ نہ رکھا کوئی پتھر ہم نے
عظمت و شان کے ساتھ اس کو اکیلا چھوڑا
نہ کوئی طبل کی آواز نہ تدفین کا ساز
ہائے وہ قبر! جہاں دفن ہے اپنا جاں باز

***

(25 فروری 43ء۔ مطبوعہ آئینہ بمبئی)

دلیرانہ حملہ

لارڈ ٹینی سن کی The change of the Light Brigade کا آزاد ترجمہ۔
(چھ سو تیغ زن سواروں کی ایک مختصر سی جماعت کو یکایک حکم ہوتا ہے کہ توپوں سے مسلح فوج پر حملہ کرو۔ وفاداری اور فرماں برداری سے عہد کیے ہوئے جاں باز بے خوف ہو کر حملہ کے لیے، یہ جانتے ہوئے آگے بڑھتے ہیں کہ وہ موت کے منہ میں جا رہے ہیں)

ڈیڑھ میل آگے بڑھے، ڈیڑھ ہی میل آگے بڑھے
چھ سو اسوار چلے، موت کے پنجے میں چلے

اے جوانانِ وطن آگے بڑھو آگے بڑھو!
حکم حاصل ہوا توپوں کی طرف وار کرو

حکم پاتے ہی دلیرانہ پئے جنگ بڑھے
چھ سو اسوار چلے، موت کے پنجے میں چلے

نا امیدی کی شکن تک بھی نہ پیشانی پہ تھی
نہ یہ سوچا کہ کسی شخص نے کی ہے غلطی
حق نہ تھا ان کو کہ دیں کوئی الٹ کر وہ جواب
حق نہ تھا ان کو کہ وہ بحث کا کھولیں کوئی باب
فرض بھی حکم بھی تھا ان کو لڑو اور مرو
اے جوانانِ وطن آگے بڑھو، آگے بڑھو
حکم پاتے ہی دلیرانہ پئے جنگ بڑھے
چھ سو اسوار چلے، موت کے پنجے میں چلے

تھی چپ و راست سے توپوں کی برابر یورش
سامنے سے بھی برستی تھی مسلسل آتش
شور و ہنگامہ تھا توپوں کی گرج سے پیہم

گولیاں چلتی تھیں گولے بھی برستے تھے بہم
حملے ہوتے تھے مگر پھر بھی بڑھے جاتے تھے
دہن نار میں بے خوف گھسے جاتے تھے
حکم پاتے ہی دلیرانہ پئے جنگ بڑھے
چھ سو اسوار چلے موت کے پنجے میں چلے

ہر سپاہی نے دلیری سے نکالی تلوار
اور چمکا کے فضا میں اسے کرنے لگا وار
فوج کے توپچیوں کو تہ شمشیر کیا
ان کی جرأت پہ تعجب میں ہے اب تک دنیا
توپ خانوں کا دھواں کرتا تھا گو خیرہ نظر
پھر بھی وہ توڑتے جاتے تھے قطارِ لشکر
وار کھا کھا کے گرے فرش پہ دشمن سارے
منتشر روح تھی اجسام تھے ٹکڑے ٹکڑے
فتح مندی کو لیے آئے بصد شان و شکوہ

لیکن اب مستقلاً چھ سو نہ تھا ان کا گروہ

تھی چپ و راست سے توپوں کی برابر یورش
سامنے سے بھی برستی تھی مسلسل آتش
شور و ہنگامہ تھا توپوں کی گرج سے پیہم
گولیاں چلتی تھیں گولے بھی برستے تھے بہم
یوں تو گھوڑے بھی گئے جان سے، ہیرو بھی مرے
آفریں آفریں، وہ کیسی دلیری سے لڑے
دہنِ نار سے اور موت کے خونیں منہ سے
فاتحانہ وہ پلٹ آئے، سلامت جو بچے

ان کی شہرت کبھی معدوم نہیں ہو سکتی
کیا شجاعانہ، دلیرانہ چلی تیغ ان کی
ان کی جرأت پہ تعجب میں ہے اب تک دنیا
نام توقیر سے لیں ان کا یہ ہے فرض اپنا

عزت افزائی کریں ان کی بصد شان و شکوہ
آہ وہ چھ سو سواروں کا وفا دار گروہ

13 مئی 43ء مطبوعہ آئینہ بمبئی
***

چشمہ

(لارڈ ٹینی سن کی نظم The Brook کا لفظی ترجمہ)

بگلوں مرغابیوں کے اڈوں سے آتا ہوں میں
کودتا جست لگاتا ہوا اٹھلاتا ہوا،
ہنس راجوں کو بھی زرّین بناتا ہوں میں
وادیوں میں بھی ٹھہرتا ہوا اٹھلاتا ہوا
جست بھرتا ہوا کرتا ہوں پہاڑوں سے گزر
میں چٹانوں سے بھی ٹکرا کے نکل جاتا ہوں
بیسیوں قصبے ہوں یا شہر ہوں رستے میں اگر
نصف صد پل بھی جو آئیں تو اچھل جاتا ہوں
کشت زاروں سے گزرتا ہوں کلیلیں کرتے
پور دریا کی طرف جو کہ ہے سنگم میرا

آدمی آئیں گے اور آ کے چلے جائیں گے
میری رفتار میں کچھ فرق نہ آئے گا ذرا
گنگناتا ہوا سنگین گزر گاہوں میں
لرزشِ ساز کے مدھم سے سُروں میں اکثر
اور طوفان زدہ کھاڑیوں کی راہوں میں
ہلکے ہلکے سے ترنم کا دکھاتا ہوں اثر
کج روی سے میں کناروں کو پریشاں کر تا
لہلہاتے ہوئے کھیتوں سے گزر جاتا ہوں
روش و جادۂ محبوب کو حیراں کرتا
شاہ بلوط کی شاخوں سے ابھر جاتا ہوں
میں بہا کرتا ہوں گاتے ہوئے لہراتے ہوئے
پُور دریا کی طرف جو کہ ہے سنگم میرا
آدمی آئیں گے اور آ کے چلے جائیں گے
میری رفتار میں کچھ فرق نہ آئے گا ذرا
میں سرکتا ہوں پھسلتا ہوں نظر کرتے ہوئے

ان ابابیلوں پر آتی ہیں جو دھاروں کے قریب
رقص کرتا ہوں شعاعوں کو نچانے کے لیے
میرے اتھلے ہوئے ریتیلے کناروں کے قریب
گنگناتا ہوں تہ محفلِ ماہ و اختر
خار زائیدہ بیابانوں کو ٹھکراتا ہوا
منحنی تاروں کے جھرمٹ میں بھی کرتا ہوں گزر
دیر کرتا ہوا۔ رکتا ہوا۔ ٹکراتا ہوا
اور پھر مڑتا ہوں بہتا ہوا ملنے کے لیے
پُور دریا کی طرف جو کہ ہے سنگم میرا
آدمی آئیں گے اور آ کے چلے جائیں گے
میری رفتار میں کچھ فرق نہ آئے گا ذرا

24 جولائی 43ء مطبوعہ عصمت دہلی

***

پریت کریں

سکھ کی آشا جگ سے کرنا۔۔۔ آگ میں گر کر آپ ہی مرنا
پریت میں کیوں جگ ہاس سے ڈرنا۔۔۔ اندھی ہے جگ کی ریت
پریت کریں ہم پریت

برہا کی اندھیاری راتیں۔۔۔ نیند اڑائیں یہ کاری راتیں
رو رو دیتیں ساری راتیں۔۔۔ آ کے سُنا اک گیت

پریت کریں ہم پریت

جیون نر بھر پیت پہ تیرے۔۔۔ تیرا ہی جپنا سانجھ سویرے
کون مرے اب کرموں کو پھیرے۔۔۔ تو ہی بتا کچھ ریت!

پریت کریں ہم پریت

کیسا سندر رت راج آیا۔۔۔   میگھ اور مند کا مہراج آیا
چندر بدن کا سرتاج آیا۔۔۔   سورگ کے گائیں گیت

پریت کریں ہم پریت

سکھ کا اک سنسار بسائیں۔۔۔   بھول کے دکھ کے پاس نہ آئیں
پریت کی جوت اب دل میں جلائیں۔۔۔   تج کے سارے میت

پریت کریں ہم پریت
3 اپریل 44ء

***

اِمتیاز

جہاں میں روز کئی انقلاب آتے ہیں
ظفر کو ساتھ لیے باریاب آتے ہیں
پیام آتے ہیں پیوستہ آسمانوں سے
خوشی کے راگ نکلتے ہیں آشیانوں سے
نوید وصل کبھی کامیاب آتی ہے
عروسِ شوق کبھی بے حجاب آتی ہے
کبھی ترانۂ الفت میں جوش ہوتا ہے
لبِ حیات کبھی خود خموش ہوتا ہے
کبھی جنون بھی وجہ سکون ہوتا ہے
کبھی سکون مجسم جنون ہوتا ہے

ضیائے شمس و قمر دل کو دیتی ہے آرام
کبھی ستاروں کی ضو بخشتی ہے غم کا پیام
بہار مژدۂ عیش و طرب سُناتی ہے
کبھی کبھی تو خزاں بھی دلوں کو بھاتی ہے

جنوں خرد سے ہے وابستہ یا خرد سے جنوں
نکل گیا ہے کبھی تو خرد کی حَد سے جنوں

کہیں نزاع ہے جہل اور علم کے مابین
کہیں ہے عیش، کہیں غم، کہیں تڑپ، کہیں چین
حیات ان سے مگر مطمئن نہیں اے دوست
وصال و ہجر سے ہے زیست خشمگیں اے دوست
ہے راہِ زیست میں ہر گام امتیاز پسند
یہ اور بات ہے میری نظر ہے اس سے بلند
میری نگاہ میں گم اور عیش بے معنیٰ!

ہر ایک بات میں ہے مہر و طیش بے معنی
خوشی بھی رازِ حیات اور غم بھی راز حیات
بپا ہے کس لیے پھر شورِ امتیاز حیات
مری نگاہ میں بالا ہے زندگی کا مقام
مگر جہاں ہے ابھی تک اسیر صبح و شام

کہیں نیاز کہیں طرز ناز باقی ہے
ہنوز کش مکش امتیاز باقی ہے

19 جنوری 1945ء مطبوعہ آئینہ۔ خاص نمبر 1951ء
***

گاندھی جی کے قاتل سے

دل ہے بے تاب، جگر خون ہے، دیدہ نم ہے
مرگِ گاندھی سے ہر انسان شریک غم ہے
ساتھ ایسا یہ گزرا ہے کہ دل پھٹتا ہے
صدمۂ مرگ گھٹائے سے کہیں گھٹتا ہے
خاتم ملک کا بے مثل نگینہ نہ رہا
ہائے وہ نیکی و الفت کا خزینہ نہ رہا
جس کی ہر بات تھی اخلاص کی سچی تصویر
آج نظروں سے نہاں ہو گئی وہ ہستی پیر
گلشنِ زیست پر اک برقِ غضب ٹوٹ گئی!
موت کیسا گل نایاب چمن لوٹ گئی

ظلم کے ہاتھ نے رافت کا گلا گھونٹ دیا
ہائے افسوس محبت کا گلا گھونٹ دیا

اے سیہ کار و بد اعمال و بد اطوار انساں
تو نے باپو کو کیا قتل مگر ہر عنواں
تجھ کو پاگل نہ کہیں ہم تو کہیں کیا آخر
دشمنِ قوم نہ ہو گا کوئی تجھ سے ظاہر

اے تشدد کے علمدار اہنسا کے رقیب
تیرا یہ فعل ہے دنیا کے لیے فعلِ عجیب

تو نے تعمیرِ صداقت کا ستون توڑ دیا
تو نے آئینہ اخلاق و عمل پھوڑ دیا
ہائے اک رہبرِ صادق کو مٹایا تو نے
یعنی ہر قوم کے مشفق کو مٹایا تو نے

اتحاد اور اہنسا کے دھنی کو مارا
تو نے مشہور جہاں ایک رشی کو مارا
حسنِ اخلاق کی تصویر مٹائی تو نے
خوب انسان کی توقیر بڑھائی تو نے!
تو نے پیغامبرِ امن و اماں کو مارا
سچ تو یہ ہے کہ بڑے اہل جہاں کو مارا
لوٹ کر تو نے بہارِ چمنِ عالم کو
آہ! غم دیدہ ہمیں چھوڑ یا ماتم کو
تیرے سینے میں تشدّد کی ہوا پنہاں تھی
تیرے پستول میں باپو کی قضا پنہاں تھی

سینۂ عشق میں اب مار کے گولی تو نے
خونِ مظلوم سے بھی کھیل لی ہولی تو نے
2 فروری 48ء (انقلاب بمبئی)
***

سروجنی نائیڈو

تازہ تھا ابھی داغِ باپو، دل سے نہ مٹا تھا غم اب تک
آنکھوں میں نمی سی پنہاں تھی دنیا تھی صفِ ماتم اب تک
باشندۂ دکن اک عورت، باپو کی حقیقی شیدائی
افسوس اچانک اب وہ بھی اک داغِ جدائی دے کے گئی
بچپن میں پڑھی تھیں میں نے بھی چند اس کی کتابیں کیا کہنا
انمول ادب کے موتی ہیں وہ اچھی کتابیں کیا کہنا
تحریر تھی اس کی جانِ ادب، تقریر میں وہ لاثانی تھی!
اس کا ہے سخن تو لافانی ہر چند کہ خود وہ فانی تھی!
ملّت کی وہ سچی پرچارک آزادی انساں کی حامی
مل جائے وطن کو آزادی یہ اس کی حقیقی کوشش تھی
آزادی کی خاطر برسوں تک تکلیف سہی اور غم نہ کیا

جو جیل میں رہ کر بھی خوش تھی، ایسے ہیں کہاں اب راہنما
ہر قوم کی تھی وہ شیدائی ادراک تھا اس کو مذہب کا
تا زیست یہی وہ کہتی رہی رشتہ ہے خدا سے ہم سب کا
باپو کی انوکھی روپ وتی وہ بلبل ہندوستاں نہ رہی
وہ ملک کی سندرتا نہ رہی وہ قوم کی جانِ جاں نہ رہی

مٹ جائے گا جسم خاک اس کا تابندہ رہے گی رُوح مگر
تا حشر اسے ہم روئیں گے تا زیست رہے گی آنکھ یہ تر
2 مارچ 1949ء

***

آزادی کے دو سال

آدمی پیکر حیواں نظر آیا ہے مجھے!
آدمیت سے گریزاں نظر آیا ہے مجھے
میں نے دیکھے ہیں بلکتے ہوئے صدہا بچے
دست غدار ستمراں نظر آیا ہے مجھے
آہ وہ حسن جو تھا زینت قصر شرفا
خاک اور خون میں غلطاں نظر آیا ہے مجھے
جس کا ناخن نہ کبھی دیکھ سکا تھا کوئی
اس کا سینہ بھی تو عریاں نظر آیا ہے مجھے
جس طرف میں نے اٹھائی ہیں نگاہیں اے دوست
منظر جورِ فراواں نظر آیا ہے مجھے
ہر کلی چاک جگر چاک گریباں ہر پھول

خون آلودہ گلستاں نظر آیا ہے مجھے

اس قدر بکھرا ہے معصوم لہو میداں میں
ہر قدم خون میں غلطاں نظر آیا ہے مجھے

شدت غم سے تڑپتے رہے لاکھوں انساں
کالعدم عیش کا ساماں نظر آیا ہے مجھے

آدمی جو کہ ازل سے تھا ستم کا دشمن
بربریت کا ثنا خواں نظر آیا ہے مجھے

ہائے وہ دیدۂ محبوب تبسم بہ کنار
اشک آلودہ و گریاں نظر آیا ہے مجھے

چلمنوں سے جو نکلتا نہ تھا معصوم شباب
بال بکھرائے پریشاں نظر آیا ہے مجھے

یوں بھی گردوں نے دکھایا ہے تنزّل کا سماں
خاک بر سر مہ تاباں نظر آیا ہے مجھے!

انقلابات کی تقسیم غلط وائے نصیب
خار کی گود میں ریحاں نظر آیا ہے مجھے

عصمت قوم کو لوٹا ہے درندوں کی طرح
ہر بشر صورتِ حیواں نظر آیا مجھے
آگ نے اتنی بری طور جلایا ہے چمن
باغ کا باغ بیاباں نظر آیا ہے مجھے
میں نے دیکھے ہیں جھلستے ہوئے ایوان کئی
ہر طرف شعلۂ رقصاں نظر آیا ہے مجھے
مدّتوں کانپتے دامانِ فلک پر ہمدم
سرخ افسانے کا عنوان نظر آیا ہے مجھے
جو کبھی اپنے پڑوسی کو سمجھتا تھا رفیق
کل وہی دست و گریباں نظر آیا ہے مجھے
غیر تو غیر ہے بے کار ہے شکوہ اس کا
دوست بھی دشمنِ ایماں نظر آیا ہے مجھے
زخم دل، ریش جگر، سینے کے ناسوروں پر
دوست ظالم نمک افشاں نظر آیا ہے مجھے
چند سکّوں کے لیے عام تھا قتل انساں

نرخ جاں اس قدر ارزاں نظر آیا ہے مجھے
حد سے جب بڑھ گیا یہ ظلم تو اک مرد ضعیف
امن کا سلسلہ جنباں نظر آیا ہے مجھے
فتنۂ جور و شرارت کو مٹانے کے لیے
آدمیت کا ثنا خواں نظر آیا ہے مجھے
اپنے ہم قوموں کے افعال سے وہ نیک نہاد
شرم سے سر بگریباں نظر آیا ہے مجھے
جس نے سمجھایا کہ مذہب میں نہیں شرّ و فساد
ایسا لاکھوں میں اک انسان نظر آیا ہے مجھے
قول تھا جس کا کہ مذہب ہے جدا فتنوں سے
خود وہ صیدِ غمِ دوراں نظر آیا ہے مجھے
امنِ عالم کے لیے جس نے برت بھی رکھے
ظلم سہہ سہہ کے وہ خنداں نظر آیا ہے مجھے
دست خونیں سے محبت کا گلا گھونٹ کے بھی
ظلم ہر فعل پہ نازاں نظر آیا ہے مجھے

جس نے مرتے ہوئے لوگوں کو حیاتِ نو دی
خون میں ڈوبا وہ بے جاں نظر آیا ہے مجھے
بعد باپو کے بھی ظلم اور جفا کا عفریت
مدّتوں سلسلہ جنباں نظر آیا ہے مجھے
کیا ہوا تھا مرے ہم قوموں کو کیا تم سے کہوں
ہر بشر جان کا خواہاں نظر آیا ہے مجھے

اس کی تعبیر حسیں اور ہو دل کش صادقؔ
کل جو اک خواب پریشاں نظر آیا ہے مجھے

15 اگست 1949ء

***

ارادہ

تمام مذہبی جھگڑے چکا کے چھوڑوں گا
ہر اک کو ایک لڑی میں سجا کے چھوڑوں گا
الگ الگ ہیں جو ہندوستان کی قومیں
میں سب کو ایک ہی مرکز پہ لا کے چھوڑوں گا
میں جانتا نہیں مسلم کو اور ہندو کو
ہر اک کو پریم کے بندھن بندھا کے چھوڑوں گا
جو دوسروں کو رُلاتے ہیں خون کے آنسو
میں ان کو خون کے آنسو رُلا کے چھوڑوں گا
یہ چوستے ہیں جو سرمایہ دار خونِ غریب
کسی دن ان کو بھی مفلس بنا کے چھوڑوں گا

غریبوں اور کسانوں کا ہم نوا ہوں میں
ہر ایک قصرِ امارت گِرا کے چھوڑوں گا
سیاہ کاری و رشوت درندگی و ستم
یہ داغِ زیست ہیں، ان کو مٹا کے چھوڑوں گا
مری نگاہ میں ہے اونچ نیچ بے معنی
اچھوت کو بھی میں اونچا اٹھا کے چھوڑوں گا
پڑھاؤں گا میں سبق پریم کا ہر انساں کو
صداقت اور محبت سکھا کے چھوڑوں گا
جلا کے اجڑے دیاروں میں شمع آزادی
شکستہ جھونپڑوں کو جگمگا کے چھوڑوں گا
خدائے رزق بھی خوش ہو گا میری محنت پر
زمینِ ہند پہ غلّہ اگا کے چھوڑوں گا
نکل چکا ہے جو کل میرے ہاتھ سے اے دوست
کسی دن اس پہ بھی قبضہ جما کے چھوڑوں گا

جو پوجیہ باپو بتا کر گئے ہیں اے صادقؔ
انہیں نقوش پہ سب کو چلا کے چھوڑوں گا

(21 اگست 49ء مطبوعہ آئینہ)

★★★

مشورے

دلوں سے خوف و بزدلی نکال دو جواں بنو
زمیں کی پستیوں سے تم ابھر کر آسماں بنو
جمے رہو۔ ڈٹے رہو۔ صداقتوں کی راہ پر
جہاں جھکے سرِ غرور ایسا آستاں بنو
تمہاری گردِ راہ پر ستارے بھی نثار ہوں
بنو تو ایسے کم سے کم امیرِ کارواں بنو
رہِ وفا میں یوں چلو کہ منزلیں بھی ہوں فدا
ہر اک قدم پہ فتح مند اور کامراں بنو
تمہارے ایک لمس سے ہو گرم خونِ زندگی
بھری ہوں جن میں بجلیاں تم ایسی انگلیاں بنو
مٹا دو صفحۂ جہاں سے نفرتوں کے بیج کو

محبت اور پیار کی ادائے دل ستاں بنو
کرم کا جس میں عکس ہو وفا کا جس میں حسن ہو
جو شمعِ راہ بن سکے اک ایسی داستاں بنو
بکھیرتے ہوئے چلو ہر اک قدم پہ گل۔ مگر
مقابلہ میں دشمنوں کے تیغ خونچکاں بنو
تمہارے ہر اشارہ پر فلک کی عظمتیں جھکیں
سرِ غرور توڑ دو ہمالۂ گراں بنو
تمہارے چاک پیرہن سے پھوٹ نکلے روشنی
اندھیری کالی رات میں چراغِ ضو فشاں بنو
تمہارا مقصدِ حیات ہو غریبوں کی مدد
بنو شکستہ دل کی راحتیں سکونِ جاں بنو
ستم کشوں پہ کھول دو ہر ایک باب زندگی
دوائے گم بنو علاج سوزشِ نہاں بنو
غریب مفلسوں کے ساتھ پیش آؤ خلق سے
سسکتی زندگی کے حق میں طاقت و تواں بنو

ہر ایک لفظ سے عیاں ہوں ندرتیں کلام کی
فصاحتِ زباں بنو۔ بلاغت بیاں بنو

تمہارے سوزِ نغمہ سے جہاں تمام جاگ اٹھے
بنو تو صادقؔ حزیں الم کے ترجماں بنو

(25 ستمبر 1949ء)

***

ایک تصویر

سر سے پا تک سادگی چھائی ہوئی
فرطِ غم سے زیست گھبرائی ہوئی
تابدار آنکھوں میں تنویر وفا
اور ماتھے پر شکن آئی ہوئی
شبنمی عارض کا رنگ اڑتا ہوا
اک کلی اور وہ بھی مرجھائی ہوئی
لب پہ خاموشی کی اک روشن لکیر
آرزو ہو جیسے تھرّائی ہوئی
روئے سادہ پر خراشِ انتظار
غم کی ماری ٹھوکریں کھائی ہوئی
اپنے سینے میں دبائے شوق دید

ہر نگاہِ تشنہ للچائی ہوئی
اس طرح بیٹھی ہے وہ پامالِ شوق
خود سے بھی ہو جیسے شرمائی ہوئی

8 فروری 1950ء
***

مری طرف نہ دیکھ

تڑپ سے ربط و ضبط ہے، تڑپ ہی رو بہ کار ہے
نفوسِ زندگی کا بھی، تڑپ پر انحصار ہے
نہ اہتمام دید کر کہ وقتِ انتظار ہے
ابھی تو کائناتِ شوق غم سے ہم کنار ہے

نہ دیکھ ابھی مری طرف، میری طرف ابھی نہ دیکھ

دبی دبی سی آرزو۔ مٹے مٹے سے حوصلے
رکی رکی سی حسرتیں۔ تھمے تھم سے ولولے
ہر ایک اہل عشق کو ہیں آفتوں کے مرحلے
نہ زیست ساز گار ہے نہ غم ہی ساز گار ہے

نہ دیکھ ابھی مری طرف، مری طرف ابھی نہ دیکھ

ستارے ڈوبنے لگے کہ وقتِ شب نہیں رہا
نمود صبح غم ہوئی۔ دم طرب نہیں رہا
قیام بزم عیش کا کوئی سبب نہیں رہا
ہر ایک جذبۂ خوشی ملال کا شکار ہے

نہ دیکھ ابھی مری طرف، مری طرف ابھی نہ دیکھ

اجڑ گئی روش روش، چمن چمن اجڑ گیا
تمام نظمِ گلستاں بکھر گیا، بگڑ گیا
خزاں کے دامِ جور میں ریاضِ غم جکڑ گیا
بہارِ جانفزا کا آج دل کو انتظار ہے

نہ دیکھ! ابھی مری طرف، مری طرف ابھی نہ دیکھ

ہر ایک سانس میں خلش نفس نفس میں ہے جنوں
سکون کس کا نام ہے، کسی جگہ نہیں سکوں
نظر تمام مضطرب تو دل تمام ہے زبوں
غرض کہ ساری کائنات آج بے قرار ہے

نہ دیکھ ابھی مری طرف، مری طرف ابھی نہ دیکھ

15 مارچ 1950ء
(مطبوعہ فنکار بمبئی)
***

تعمیر آزادی

ہزاروں کوششوں کے بعد اے رہ گیر آزادی
ملی تھی سخت مشکل سے جو اک تنویر آزادی
دکھائی تھی ہر اک انسان کو تاثیر آزادی
بٹھائی تھی ہر اک دل پر تجھے توقیر آزادی

ابھی تک نامکمل ہے مگر تعمیر آزادی

کوئی ہے اشتراکی تو کوئی مذہب کا دیوانہ
زبانِ ہر بشر پر ہے عجب اک طرفہ افسانہ
ہر اک انساں نظر آتا ہے سچائی سے بیگانہ
سناتے ہو عبث کیوں نغمۂ دلگیرِ آزادی

ابھی تک نامکمل ہے مگر تعمیر آزادی

کہیں فرقہ پرستی ہے، کہیں مذہب کی ترغیبیں
کہیں جمہوریت ہی کو مٹانے کی ہیں ترکیبیں
کہیں تعمیر کے پردوں میں پوشیدہ ہیں تخریبیں
کہیں ہے دشمنی کے ساتھ دارو گیر آزادی

ابھی تک نامکمل ہے مگر تعمیر آزادی

سفیدی میں سیاہی کی عروس آرام کرتی ہے
چھپی طینت کو ظاہر کی نمائش رام کرتی ہے
بری عادت بہر صورت مگر بد نام کرتی ہے
کوئی اے کاش سمجھے معنیِ تحریر آزادی

ابھی تک نامکمل ہے مگر تعمیر آزادی

کسی جا زیست پر نازل بلائے آسمانی ہے
کسی جا بھوک کی شدّت عذابِ زندگانی ہے
کسی جا قحط کی صورت میں مرگِ ناگہانی ہے
کسی جا خون میں غلطیدہ ہے شمشیرِ آزادی

ابھی تک نا مکمل ہے مگر تعمیرِ آزادی

ابھی تک ہندیوں کے دل میں کینہ ہے عداوت ہے
ابھی تک ہے کشاکش باہمی اور اجنبیت ہے
خلوص اور بھائی چارہ کی جگہ بغض اور نفرت ہے
کہیں چمکا ہے صادقؔ تیرِ تقدیرِ آزادی

ابھی تک نا مکمل ہے مگر تعمیر آزادی
(14 اگست 1950ء)

***

نوائے تلخ

مائل جور ابھی دہر کی فطرت ہے وہی
امن کے نام پہ ہنگامۂ وحشت ہے وہی
انقلاب آئے مگر عام محبت نہ ہوئی
قلبِ انساں میں ابھی جذبۂ نفرت ہے وہی
شل ہوئے جاتے ہیں مزدور کے بازو لیکن
پاؤں پھیلانے کی زر دار کو فرصت ہے وہی
کوئی کل سیدھی نہیں ملک کے ہشیاروں کی
الجھی الجھی ابھی دنیا کی سیاست ہے وہی
اپنی جانب نہیں بڑھتا کوئی دستِ ہمدرد
موج زن خاطرِ انساں میں خباثت ہے وہی
خود کفالت کا ہر اندیشہ ہوا نقش بر آب
آج بھی قحط کی اور بھوک کی شدت ہے وہی
غیر ممکن ہے کسی شکل بجھے پیٹ کی آگ

چور بازاری پہ بنیاد تجارت ہے وہی
بند ہے اب بھی غریبوں پہ ہر اک بابِ نشاط
تیز رفتار یہ نبضِ غم و حسرت ہے وہی
اب بھی قائم ہے تجاویز پہ تنظیم وطن!
حال جمہور سے بے پروا سیاست ہے وہی
اب بھی تکمیل عمل چاہتی ہے نذرِ خفی
گرم بازاریِ اندازۂ رشوت ہے وہی
اب بھی ہوتے ہیں فسادات کے چرچے اکثر
جس طرف دیکھو بَہیمانہ شقاوت ہے وہی
آج بھی ملک میں نایاب ہے سامانِ حیات
یعنی جس شے کی ضرورت تھی ضرورت ہے وہی
صادقؔ آزاد تو ہم ہو گئے لیکن افسوس
ملک میں محنت و مزدور کی حالت ہے وہی
(25جنوری 1951ء)

***

جوان موتیں

(مندرجہ ذیل اشعار ایک مکان کی چھت گر جانے سے اچانک 43 مستورات کے فوت ہو جانے کے حادثے سے متاثر ہو کر ارتجالاً کہے گئے ہیں)

آنکھوں میں نمی دل میں رواں خون کی موجیں
ہر سمت سے گھیرے ہوئے آلام کی فوجیں
آرام کے ساماں ہیں کہ منہ موڑے ہوئے ہیں
صبر اور سکوں ساتھ مرا چھوڑے ہوئے ہیں
جذبات پہ چھایا ہوا اک کوہِ الم ہے
احساس کو بھی گھیرے ہوئے شدّت غم ہے
ادراک پہ طاری ہے جنوں خیزی کا عالم
ہے آج مزاج خرد و ہوش بھی برہم
ہر سانس میں اک گونج ہے افسانۂ غم کی

ہر بات میں پوشیدہ کہانی ہے الم کی
ہیں ہوش پراگندہ، پریشاں ہے تخیل
اللہ یہ کیوں ہوش بداماں ہے تخیل!
معلوم نہ تھا ایسا بھی اک سانحہ ہو گا
دلدوز و سکوں سوز کوئی واقعہ ہو گا
بن جائے گی اک بزم عزا انجمن غم
پیغامِ قضا ہو گا شہیدوں کا یہ ماتم
معلوم نہ تھا دستِ اجل اتنا ہے سفاک
کر دے گا ہر انساں کے دل و سینہ کو صد چاک
موت آئے گی اس شکل میں ہم دوشِ تباہی
چھا جائے گی ہر سمت سیاہی ہی سیاہی
باغیچۂ ہستی پہ بھی یوں برق گرے گی
منڈلاتی ہوئی مرگِ غضب ناک پھرے گی
ہر غنچۂ نو خیز کو کھا جائے گی بجلی
گل ہائے دمیدہ پہ بھی چھا جائے گی بجلی

پامالیاں چھینیں گی ہر اک غنچہ دہن کو
چن چن کے صبا لوٹے گی ہر سروِ چمن کو
برنائی کی شاداب امنگیں نہ رہیں گی
یوں خون کی موجوں میں جوں لاشیں بہیں گی
رہ جائے گی سینوں میں دبی عیش کی امید
ڈوبے گا ابھرتے ہی جواں زیست کا خورشید
ہو جائیں گے یوں راحت و الطاف سے محروم
پالے ہوئے دستِ نعم و ناز کے معصوم
جب ماں کو نہ پائیں گے تو کیا گزرے گی ان پر
روئیں گے ہمہ وقت وہ غیروں سے لپٹ کر
اک صغریٰ قیامت کا سماں دیکھیں گے ہم بھی
مٹتے ہوئے ہستی کے نشاں دیکھیں گے ہم بھی

کس جرم کی پاداش میں یہ سخت سزا ہے
ہر چہرہ غم و یاس کی تصویر بنا ہے

(2 اپریل 1951ء)

***

آج پھر عہد کریں!

آج پھر عہد کریں ہند کے بسنے والو
شانتی اور صداقت کا اٹھا کر جھنڈا
جنگ کی آگ لپکتی ہے جو بھارت کی طرف
اپنے آدرش سے کر دیں گے اسے ہم ٹھنڈا

مغربی سمت سے آئے گا اگر کوئی غنیم
اپنے فولادی ارادوں سے کچل دیں گے اسے
ملک کی آن پہ آنچ آنے نہ دیں گے ہر گز
سر اٹھائے گا جو فتنہ تو مسل دیں گے اسے

قحط اور بھوک کی شدت سے جو مرتے ہیں غریب
آج پھر عہد کریں ان کو نہ مرنے دیں گے

چھین کر پردۂ زر دار سے سامانِ حیات
موٹے پیٹوں کو نہ ہم اور ابھرنے دیں گے

کالے بازار میں جائے گی نہ اب جنس کوئی
تنگ ہو گا نہ کبھی عرصۂ سامانِ حیات
اب ہر اک چیز سے پٹ جائیں گے بازار وطن
ہو گا کوتاہ کسی طور نہ دامانِ حیات

فرقہ واری کی جڑیں ہو نہیں سکتیں مضبوط
فرقہ واری کو مٹا کر ہمیں دم لینا ہے
عہدِ جمہوری کی تصویر دکھا کر سب کو
بھائی چارہ کو نئے سر سے جنم دینا ہے

بیج نفرت کے مٹا دیں گے دل انساں سے
اتحاد اور محبت کا کریں گے پرچار
ایک مرکز پہ نظر آئیں گے زر دار و غریب
زندگانی کا بنا دیں گے ہم ایسا معیار

ہم کسانوں کو بنائیں گے دھنی کھیتوں کا
کر کے مفلوج زمیندار کا خونیں چنگل
نیّرِ عیش کی چمکائیں گے کچھ ایسی فضا
سرِ مزدور سے چھٹ جائیں گے غم کے بادل

ہم بنائیں گے ہر انسان کا ایسا کردار
رشوت و نفع خوری جس کے لیے ہو گی حرام
پاک ہو گا غرض و حرص سے جس کا سینہ
جس کا دل ہو گا خلوص اور محبّت کا مقام

(15 اگست 1954ء)

***

تضاد

اک طرف ہے در و دیوار پہ رنگین بہار
اک طرف مفلس و نادر کا بوسیدہ مکاں
اک طرف عیش و مسرّت کے چراغوں کی قطار
اک طرف بجھتی ہوئی شمع کا لرزیدہ دھواں

سوچنا پڑتا ہے اے دوست کہ ایسا کیوں ہے؟

آدمی آدمی یکساں ہیں مگر فرق یہ کیا؟
کوئی حاکم، کوئی زر دار، کوئی ہے مزدور
کوئی مصروف غنا ہے کوئی مشغولِ بکا
کوئی عالم کا ہے مختار کوئی ہے مجبور

سوچنا پڑتا ہے اے دوست کہ ایسا کیوں ہے؟

ایک نو خیز کلی کھیت کی پگڈنڈی پر
قدرتی حسن کا شہ کار مگر سخت طول
شہر میں ایک حسیں دولت و زر کی پیکر
اپنی سوسائٹی والوں کی نظر میں مقبول

سوچنا پڑتا ہے اے دوست کہ ایسا کیوں ہے؟

کوئی سیتا کوئی مریم ہے طرب در آغوش
عصمتِ قوم کا نیلام ہے بازاروں میں
کوئی گلزارِ طرب میں ہے خوشی سے ہم دوش
کوئی مضطر ہے دہکتے ہوئے انگاروں میں

سوچنا پڑتا ہے اے دوست کہ ایسا کیوں ہے؟

عیش گاہوں میں کھنکتے ہیں مسلسل ساغر
اور جمہور ہیں محرومِ غذا کیا کہیے!
راج ہے نکہت و افلاس کا نا چاروں پر
اور سرمایہ پرستوں کی ادا کیا کہیے!

سوچنا پڑتا ہے اے دوست کہ ایسا کیوں ہے؟

گرم تپتے ہوئے کھیتوں میں ہے سر گرم عمل
چلتی پھرتی ہوئی اک لاش امینِ ہستی
اور خس پوش حجابوں سے ہیں برفاب محل
کتنا غم ناک ہے یہ فرقِ عروج و پستی

سوچنا پڑتا ہے اے دوست کہ ایسا کیوں ہے؟

چیختی سڑکوں پہ معذور اپاہج کی کراہ
موٹریں سنتی نہیں اور چلی جاتی ہیں
کتنی معصوم سسکتی ہوئی آوازیں، آہ!
شور و ہنگامۂ علام میں دبی جاتی ہیں

سوچنا پڑتا ہے اے دوست کہ ایسا کیوں ہے؟

ہے غریبوں کو اِدھر بھوک کی شدّت کافی
اور امیروں کو اُدھر کام و دہن کی لذّت
منہ تک آتا نہیں اس سمت نوالا کوئی
اس طرف ہوتی ہے کس ٹھاٹ سے اکثر دعوت

سوچنا پڑتا ہے اے دوست کہ ایسا کیوں ہے؟

مل میں دم توڑتا رہتا ہے جوانی کا غرور
اہل سرمایہ سمجھتے ہیں جسے ایک مذاق
خون دے دے کے بناتے ہیں محل جو مزدور
ان کے حصہ میں نہیں ایک بھی سادہ سا رواق

سوچنا پڑتا ہے اے دوست کہ ایسا کیوں ہے؟

کتنے بیمار ترستے ہیں دواؤں کے لیے
ڈاکٹر صرفِ توجہ ہے امیروں کی طرف
مستعد رہتا ہے صیاد جفاؤں کے لیے
دیکھتا بھی تو نہیں کوئی اسیروں کی طرف

سوچنا پڑتا ہے اے دوست کہ ایسا کیوں ہے؟

مفلسی ننگے بدن پھرتی ہے بازاروں میں
تنگ ہوتا نہیں دولت پہ کبھی جامۂ زر
ناتواں ہاتھ الجھتا ہی رہا خاروں میں
اور لہرا دئے طاقت نے علم گلشن پر

سوچنا پڑتا ہے اے دوست کہ ایسا کیوں ہے؟
(20 مئی 1955ء)
***

تو کیا ہو گا!

مری کمزور فطرت رنگ لے آئی تو کیا ہو گا
جو الٹا ہو گیا نظمِ توانائی تو کیا ہو گا
کبھی امن و اماں کی آڑ لے کر مغربیت نے
اگر جنگ و جدل کی آگ بھڑکائی تو کیا ہو گا
ابھی تک ناتوانی پر مسلّط ہے توانائی
اگر طاقت کبھی طاقت سے ٹکرائی تو کیا ہو گا
ابھی تو روکنے والوں نے روکا ہے تباہی کو
اچانک کوئی بجلی سر پہ لہرائی تو کیا ہو گا
ابھی تو بر بنائے مصلحت خاموش ہے لیکن
ہماری آپ کی آواز ابھر آئی تو کیا ہو گا

ابھی تک تو خوشی سے ہر جفا ہم کو گورا ہے
جو مشکل ہو گئی تابِ شکیبائی تو کیا ہو گا
دبا رکھا ہے زنداں کی کشاکش نے ابھی لیکن
اسیرانِ قفس نے لی جو انگڑائی تو کیا ہو گا
بنی جو دامنِ انسانیت کا داغ ماضی میں
وہی تاریخ پھر عالم نے دُہرائی تو کیا ہو گا
بمشکل آشیاں ہم نے بنایا ہے گلستاں میں
نظر صیّاد کی پھر آج للچائی تو کیا ہو گا
مری خوش فہمیوں پر اوس پڑ جانے کا موقع ہے
اگر بن جائے خدمت وجہ رسوائی تو کیا ہو گا
خدا کے واسطے اب جنگ کی باتیں نہ دہراؤ
اگر ہونے لگی ہنگامہ آرائی تو کیا ہو گا
بمشکل امن کی دیوی نے رخ اپنا دکھایا ہے
یکایک پھر کوئی جنگی گھٹا چھائی تو کیا ہو گا
جنونِ حریت نے تنگ آ کر قید زنداں سے

درِ زنداں کی جب زنجیر کھڑکائی تو کیا ہو گا
ابھی تو دیکھتے ہیں اپنی بربادی کو ہم صادقؔ
کسی دن بن گیا عالم تماشائی تو کیا ہو گا

(14 جولائی 55ء)

***

حُسنِ مغموم

یہ جھکی جھکی نگاہیں، یہ فسردگی کا عالم
کوئی میرے دل سے پوچھے تری بیکسی کا عالم
تجھے عشق کی قسم ہے نہ جبیں پہ ڈال شکنیں
مرے حق میں زہر ہو گا تری برہمی کا عالم
ہر اک آزمودہ غمزہ دل و جاں وے جس پہ قرباں
مرے دل پہ کیوں نہ چاہے تری سادگی کا عالم
تجھے جانے کیا ہوا ہے کہ خموش ہو گئی ہے
ترے نطق پر مسلّط ہے عجب غمی کا عالم
تری آنکھیں اشک آگیں ترا چہرہ اترا اترا
نہ کوئی ہنسی کی صورت، نہ شگفتگی کا عالم
ترے سامنے جھکی ہیں ہر اک اہل دل کی نظریں
کوئی کیا سمجھ سکے گا تری بے خودی کا عالم

ترے دل کو کیا ہوا ہے کہ نہیں خوشی پہ مائل
نظر آ رہا ہے جیسے غمِ دائمی کا عالم

یہ بہار یہ فضائیں، یہ نشاط خیز لمحے
تجھے کاش! آج دے دیں نئی زندگی کا عالم

مری آرزو یہی ہے نہ کبھی خدا دکھائے
غمِ دشمنی سے بڑھ کر غمِ دوستی کا عالم

(17فروری56ء)

★★★

رُوحِ غالبؔ سے!

تری حیات میں اے غالبؔ بلند مقام
ترے کلام کی عظمت کے مدح خواں نہ ملے
تجھے سمجھ نہ سکے تیرے وقت کے نقاد
محاسن اور معانی کے قدر داں نہ ملے

مزاجِ شعر بدل کر جو تو نے پیش کیا
ترے دماغ کی کاوش کی داد دے نہ سکے
بنا لیا تجھے تشنیع و طعن کا مرکز!
جو ترے شعر کی بندش کی داد دے نہ سکے

ترے کلام کو مہمل کہا حریفوں نے
جو تیری بات سمجھنے کا حوصلہ نہ ملا
ترا کلام کوئی چیستاں نہ تھا لیکن
ترے علوئے تخیّل کا مرحلہ نہ ملا

حضورِ شاہ بھی تجھ پر کسی گئی پھبتی
مشاعروں میں بھی کوئی مقام پا نہ سکا
چمک سکا نہ ترا مہرِ نیم روز کبھی
اندھیرا جہل پرستوں کے دل کا جا نہ سکا

تری دلیل تھی در اصل قاطع برہاں
مگر خرد کے اندھیروں کو روشنی نہ ملی
تجھے سمجھنے کی خاطر جو تنگ نظروں نے
بچھایا دامِ شنیدن تو آگہی نہ ملی

ترا سلوک تھا ہر خاص و عام سے یکساں
مگر حریفوں کو بھائی نہ تیری خود داری
ترے وقار پہ کرتے رہے مسلسل وار
تجھے ہوئی نہ کبھی اپنے جن سے بیزاری

پچاس سال گزرنے پہ تیری موت کے بعد
ترے کلام کے کچھ لوگ قدردان ملے
ترے کلام کی شرحیں لکھی گئیں اکثر
جو بند نصف صدی سے تھے اب وہ ہونٹ ملے

ہر ایک شعر بنا تیرا ترجمانِ حیات
ادب کی ہستیِ مردہ نے زندگی پائی
ہر انجمن میں ہوئی تیری شاعری مقبول
سخن کے تیرہ مراحل نے روشنی پائی

تری وفات کے بعد آج تیرے دیوانے
ہر ایک شعر کو پڑھ کر سر اپنے دھنتے ہیں
نئے ادب کے پرستار بھی تعجب ہے
ترے ریاضِ شگفتہ سے پھول چنتے ہیں

یہ اصل میں تری بد قسمتی تھی اے غالبؔ
کہ زاد بوم تری سرزمین ہند بنی
یہ ہند مردہ پرستی ہے جس کی فطرت میں
تری حیات میں جس نے نہ قدر کی تیری

تجھی پہ کچھ نہیں موقوف تیری موت کے بعد
ہوئے ہیں سینکڑوں فنکار ہند میں پیدا
مگر نہ پا سکے وہ جیتے جی مقام کوئی
نہ ساز گار ہوئی ان کو زندگی کی ہوا

تری طرح ہیں یہاں آج بھی کئی فنکار
ادب میں جو کہ مقامِ جلیل رکھتے ہیں
زباں پہ لانے سے پہلے یہ ماہرین سخن
محکّ فن پہ ہر اک بات کو پرکھتے ہیں

مگر زمانے کی نا قدریاں معاذ اللہ!
نظر میں لاتے نہیں ان کو انجمن والے
تری طرح انہیں پوجیں گے تیری موت کے بعد
جھکیں گے ان کی ہر اک بات پر وطن والے

انہیں کی صف میں ہے میرا شمار بھی آخر
کہ میں نے حسنِ عروسِ سخن نکھارا ہے
حصولِ فن کے لیے صرف کر کے عمرِ عزیز
ادب کی الجھی ہوئی زلف کو سنوارا ہے

مری حیات ہے شہرت کی سدّ راہ مگر
کہ مجھ کو مردہ پرستوں نے گھیر رکھا ہے
مرے حریف ہوں کیوں معترف مرے فن کے
کہ دوستوں نے ہی جب مجھ سے بیر رکھا ہے

میں جانتا ہوں کہ مرنے کے بعد اہل وطن
سند کے واسطے میرا کلام دیکھیں گے
لکھیں گے مجھ پہ مقالات دن منائیں گے
مرا ہنر، مرا فن، میرا کام دیکھیں گے

فنا کے بعد ہے مقسوم اگر بقائے دوام
تو کیوں نہ موت کے آنے سے پہلے مر جاؤں
میں منتظر ہوں ترا رُوحِ غالبؔ مرحوم
اشارہ ترا جو پاؤں یہ کام کر جاؤں

مطبوعہ ماہنامہ 'زنجیر' بھوپال شمارہ جنوری 60ء (22 دسمبر 59ء)

***

چین

چین نے آج ہمالہ پہ کیا ہے حملہ
ہند کی آہنی دیوار بنی شعلہ مقام
منجمد ہونے لگا برف کے تودوں میں لہو
مادرِ ہند کے ویروں کو کرو جھک کے سلام

چین مکّار، دغا باز، وفا کا دشمن
جس کی فطرت میں ہیں آشتی دامن کا نور
چین جو دوست نما دشمنِ جانی نکلا
جس کے وعدوں نے دلِ دوست کیا چکنا چور

چین کل تک جو یہ کہتا تھا کہ ہم بھائی ہیں
آج اسی چین نے میدان میں للکارا ہے
جان پر کھیلیں گے ہم اس کو ہٹانے کے لیے
سرحدِ ہند کا ہر اِنچ ہمیں پیارا ہے
18 نومبر 1962ء

***

آزادیٔ وطن

حسین تاج کی گنگ و جمن کی آزادی
جناب شیخ کی اور برہمن کی آزادی
ریاضِ ہند کے سرو و سمن کی آزادی
ہے جان و دل سے بھی پیاری چمن کی آزادی

بہت عزیز ہے ہم کو وطن کی آزادی

وطن کی خاک سے تعمیر ہے حیات اپنی
وطن کے عشق سے معمور واردات اپنی
وطن کے نام سے قائم ہے کائنات اپنی
جہاں ہمیں ہے میسر سخن کی آزادی

بہت عزیز ہے ہم کو وطن کی آزادی

ہمیں نہیں ہے گوارا چمن پہ آنچ آئے
سپہرِ غیر پہ بجلی چمک کے لہرائے
نشیمن اپنا جو اس کی لپٹ میں آ جائے
ریاضِ غیر سے بہتر ہے بن کی آزادی

بہت عزیز ہے ہم کو وطن کی آزادی

(7 دسمبر 62ء)

***

رہنما کی موت

(پنڈت جواہر لعل نہرو)

بدلی ہوئی فضائے چمن ہے پتہ بھی ہے
ہر پھول سوگوار وطن ہے پتہ بھی ہے
نسریں اداس اداس، پریشان نسترن
بکھری ہوئی قبائے سمن ہے پتہ بھی ہے
آتش بجاں ہے لالہ تو شمشاد دم بخود
نرگس کی آنکھ شعلہ فگن ہے پتہ بھی ہے
شہکارِ حسن صحنِ گلستاں جو تھا گلاب
سر تا بہ پا کفن ہی کفن ہے پتہ بھی ہے
ہر شاخ، ہر نہال، ہر اک راہ، ہر روش
آماجگاہِ رنج و محن ہے پتہ بھی ہے

ماتم کدہ بنا ہے ہر اک گوشۂ چمن!
ہر ایک غنچہ خوں بہ دہن ہے پتہ بھی ہے
بہتے ہوئے ہے کسوتِ ماتم ہر ایک موج
افسردہ رودِ گنگ و چمن ہے پتہ بھی ہے
ویران مے کدہ ہے، پراگندہ بادہ خوار
ہر بزمِ عیش دارِ محن ہے پتہ بھی ہے
سنولا گئی ہے روشنیِ بزمِ کائنات
خورشید پر بھی آج گہن ہے پتہ بھی ہے
اے نا شناسِ صورت و ماحول سن ذرا
ہر اک زبان پر یہ سخن ہے پتہ بھی ہے

وہ رہنمائے قوم، وہ قائد نہیں رہا
آزادیِ وطن کا مجاہد نہیں رہا

27 مئی 64ء

★★★

فرار

تم قریب آ کے کھلاؤ نہ مسرت کے گلاب
میری فطرت ابھی کانٹوں کی طرف مائل ہے
ڈھلتی پھرتی ہوئی اک چھاؤں ہے تنویر نشاط
تلخی غم ہی مرے ذوق کا مستقبل ہے

اپنی پلکوں پہ لرزتے ہوئے اشکوں کی قسم
میں نے ظلمت میں بھی کچھ دیپ جلا رکھے ہیں
شب تاریک میں بھی غم کا سہارا لے کر
اپنے سوئے ہوئے لمحات جگا رکھے ہیں

تم قریب آ کے مرے دل میں اترتی کیوں ہو
مجھ کو کافی ہے وہی غم جو دیا ہے تم نے
سختیوں میں مجھے جینے کا سہارا دے کر
مجھ پہ کیا کم یہی احسان کیا ہے تم نے

تم قریب آئی ہو اور آ کے چلی جاؤ گی
عارضی ایسی تجلّی مجھے منظور نہیں
غم سلامت ہے تو ہر منظر تنویر و جمال
میری مشتاق نگاہوں سے کوئی دور نہیں

تم محبت کے تقاضوں سے نہیں ہو آگاہ
تم ز سر تا بہ قدم حُسن کی تصویر سہی
تم نہ آئی تھیں تو اک درد تھا تسکین حیات
تم جو آئی ہو تو وہ درد کی لذّت نہ رہی

تم ابھی آئی ہو اور آ کے چلی جاؤ گی
غم مرے ساتھ رہے گا بہ ہر اندازِ حیات
تم سکوں لے کے چلی جاؤ گی امیدوں کا
غم دکھائے گا ہمیشہ مجھے اعجازِ حیات

تم کسی چیز کا معیار نہیں بن سکتیں
غم کے معیار پہ ہر چیز اتر سکتی ہے
ناخدا ہو جو رواں غم کا سہارا لے کر
ڈوبتی ناؤ بھی طوفاں سے ابھر سکتی ہے

تم میرے پاس نہ آتیں تو بہت اچھا تھا
میرا شیرازہ غم یوں نہ بکھرنے پاتا
میری دنیا سے تجلّی ہی تجلّی کے سوا
یوں دبے پاؤں اندھیرا نہ گزرنے پاتا

تم بظاہر سہی تصویر جمال رنگیں!
تم مرے غم کی تجلّی کو نہیں پا سکتیں
حُسن کا روپ اُتر جائے گا اک روز مگر
غم کی کلیاں جو کھلی ہیں نہیں مُرجھا سکتیں

مطبوعہ 'شاعر' بمبئی (30 جولائی 64ء)

★★★

پھر نئی نظم کہوں

غم کی ہر موج مرے سر سے گزر جانے دو
شعلہ درد کو آنکھوں میں اتر جانے دو
دلِ بے تاب کو خوں ناب سے بھر جانے دو
حادثوں کو لبِ گویا پہ ٹھہر جانے دو
پھر نئی نظم کہوں

رات کے خواب کی تصویر ابھی باقی ہے
سایہ زلف کی توقیر ابھی باقی ہے
احمریں ہونٹوں کی تنویر ابھی باقی ہے
سارے رنگین خیالوں کو گزر جانے دو
پھر نئی نظم کہوں

شبنم آلودہ ہے گلشن میں ہر اک شاخ گلاب
ہے ابھی صبح کے چہرہ پہ ضیائے مہتاب
در و دیوار نے الٹی نہیں ظلمت کی نقاب
زندگانی کی کڑی دھوپ ابھر جانے دو
پھر نئی نظم کہوں

آج تک لیلیِ حاضر نہ ہوئی جلوہ پاش
آج تک ذہن کو ہے عہد گزشتہ کی تلاش
آج تک وقت کے ماتھے پہ ہے ماضی کی خراش
دورِ ماضی کی ہر اک یاد کر مر جانے دو
پھر نئی نظم کہوں

انجمستان سے معصوم شرارے لے کر
آبگینوں سے چمکتے ہوئے دھاگے لے کر
چاند سورج سے ضیا پاش نظارے لے کر

زلفِ ہستی کو ذرا اور سنور جانے دو
پھر نئی نظم کہوں

چاکِ پیراہنِ ہستی ہے خبر دارِ رفو
بادۂ سوز سے خالی ہیں ابھی جام و سبو
منجمد ہے رگ احساس میں فکروں کا لہو
ابھی طوفانِ غمِ دل کو ابھر جانے دو
پھر نئی نظم کہوں

دوستو! حادثہ نَو کو بلاؤ اٹھ کر
انقلابات کی زنجیر ہلاؤ اٹھ کر
میری آواز سے آواز ملاؤ اٹھ کر
وعدہ کر کے انہیں وعدوں سے مکر جانے دو
پھر نئی نظم کہوں

(2اپریل65)

***

تصوّر

یہ آ رہی ہے لپٹ کس کی گرم سانسوں کی
کہ رُک گئی ہے فضا کی ستیزہ کاری بھی
مری وفا کے ضعیف اور نحیف بانہوں میں
کچھ آ گئی ہے تواں اور استواری بھی

ہر ایک عضوِ بدن بن گیا ہے چشمِ تلاش
بٹھا دیے ہیں محبت نے ہر طرف پہرے
جنوں کے ہاتھ گریباں پر آ کے جھول گئے
خلوص عشق کے نقش اور ہو گئے گہرے

نگاہ نقشِ قدم کو تلاش کرتی ہے

کہ آنے والی لپٹ کا کوئی سُراغ ملے
کرن سکوں کی دلِ بے قرار کو ہو نصیب
جنوں کے جادۂ تاریک کو چراغ ملے

کوئی نشان نہیں، کوئی نقش پا بھی نہیں
محیط حدّ نظر تک ہیں صرف ویرانے
کہیں دمکتے ہوئے عارضوں کا عکس نہیں
کہیں مہکتی ہوئی زلف کے نہیں سائے

یہ آ رہی ہے لپٹ کس کی گرم سانسوں کی
سلگ اٹھے ہیں تمنّاؤں کے سیہ خانے
سُرور و کیف کی دنیا میں کھو گئی ہے حیات
چمک اٹھے ہیں محبّت کے آئینہ خانے

یہاں تو کوئی بھی مجھ کو نظر نہیں آتا

نظر ہر ایک طرف بے محل بھٹکتی ہے
نہیں وجود کسی پیکرِ حسیں کا کہیں
ہر ایک ذرہ سے اک تیرگی جھلکتی ہے
مگر تصوّر پیہم کی کار فرمائی
یہ آ رہی ہے لپٹ کس کی گرم سانسوں کی

(13 مئی 66ء)

★★★

قطعات

نقشِ جانکاہیِ وفا ہوں میں
درد الفت کا سلسلہ ہوں میں
میری ہستی کو ناز ہے مجھ پر
اپنی ہستی کا آئینہ ہوں میں
***

آئینہ دارِ روز گار ہوں میں
حسن قدرت کا شاہکار ہوں میں
کچھ عجب چیز ہے وجود مرا
ذرہ ذرہ کا راز دار ہوں میں
***

گزرے جو انبساط کے دامن میں اے ندیم
ایک لمحہ بھی حیات کا وہ دیدنی نہیں
جب تک کہ زندگی میں نہ ہو حادثوں کو دخل
سچ پوچھیے تو اصل میں وہ زندگی نہیں
***

حسن کا احترام یوں کب تک
عشق کا احترام پیدا کر
غیر کی سمت دیکھتا کیا ہے
آپ اپنا مقام پیدا کر
***

ا

دبی ذوق کا عنوان بھی ہو سکتا ہے
شعر تفریح کا سامان بھی ہو سکتا ہے
ذوقِ و تفریح سے اونچا ہے مگر اس کا مقام
یہ کبھی زیست کا طوفان بھی ہو سکتا ہے
***

نقوش فسردہ رخِ ناز پر
دھندلکے ہیں بھیگی ہوئی رات کے
یہ آنکھوں سے آنسو نکلتے ہوئے
ملائم ستارے ہیں برسات کے
***

تیری بدلی ہوئی نظریں بھی ستم ڈھا نہ سکیں
ربط دیرینہ نے خود بابِ کرم کھول دیا
انقلابات سے بھی بجھ نہ سکے دل کے چراغ
لیکن انساں نے محبت کا بھرم کھول دیا

***

کیا زمانہ آ گیا ہے آدمی حیران ہے
عقدے پڑتے جا رہے ہیں کاکلِ تقدیر میں
سانس لینا بھی اگر چاہیں تو کچھ آساں نہیں
زندگی جکڑی ہوئی ہے وقت کی زنجیر میں

***

اہلِ سرمایہ کو بخشی ہے زمانہ کی خوشی
عام جمہور کی آنکھوں میں نمی ہے اب تک
زندگی چھیننے والے تو بہت ہیں لیکن
زندگی بخشنے والوں کی کمی ہے اب تک
***

مرے بلند ارادوں کی راہ میں حائل
تمہاری بزم کا دستور ہو نہیں سکتا
ازل سے فطرتِ آزاد لے کے آیا ہوں
ذرا سی بات پہ مجبور ہو نہیں سکتا
***

کاش اسیرانِ ہوس نے کبھی سوچا ہوتا
عیش اک جلوۂ پیہم کے سوا کچھ بھی نہیں
تجربہ جب بھی کیا ہم نے ہوا یہ ثابت
زندگی کش مکش غم کے سوا کچھ بھی نہیں
***

تم جو چھولو رُبابِ دل کے تار
رُوح نغمہ کو وجد آ جائے
آرزوؤں کی شمع روشن ہو
بے قراری سکون پا جائے
***

اپنی تازہ غزل کے کچھ اشعار
رات جب گنگنا رہا تھا میں
اک انوکھی مگر لطیف خلش
دل کے نزدیک پا رہا تھا میں

***

ٹائپنگ : مخدوم محی الدین صابرؔ
پروف ریڈنگ اور ای بک کی تشکیل : اعجاز عبید